本书获
2023 年贵州省出版传媒事业发展专项资金资助
贵州出版集团有限公司出版专项资金资助

屯堡文丛·文学艺术书系

# 屯堡纪事

孟凡松　著

贵州出版集团
贵州民族出版社

# 《屯堡文丛》编辑出版委员会及学术委员会

# 《屯堡纪事》编撰学术委员会

顾　　问：王文章　和　龑
艺术指导：杨庆武
文学指导：姚晓英
主　　编：杨　波　曹洪刚
执行主编/策划：孟豫筑
特约策划：谢亚鹏　吕　淼
特约审稿：杨庆武　汪青梅
项目执行：王丽璇　陈欲倩
成　　员：（按姓氏笔画排列）
于田杨　王丽璇　帅学剑　吕　淼
向朝莉　刘　冻　李小燕　李江山
杨　波　吴德力　汪青梅　陈欲倩
罗兰珍　孟凡松　孟豫筑　胡廷夺
曹洪刚　禄　桑　谢亚鹏　黎弘毅

# 《屯堡文丛》总序

毛佩琦

屯堡，自从在明朝初年出现后，就是一个生机盎然的存在，历600余年风雨晴晦而不衰，至今仍然长青！这是人类文化史上的一个奇迹，是中华民族的一件瑰宝。

明朝建立之初，国家还没有完全统一，元朝的梁王还在割据西南，而且多次杀害明朝派来的使者。洪武十四年（1381年），明朝廷命颍川侯傅友德为征南将军，永昌侯蓝玉、西平侯沐英为副将军，率30万大军征云南。明军获得全胜，历时3个月，平定云南。洪武十五年（1382年），明朝廷设置贵州都指挥使司，征南大军以卫所为编制戍守各地，卫所军士屯种收获以自给。这些卫所军士及家属所居之地就形成了屯堡。这是一次为维护国家统一的军事行动，也是一次大规模的移民。经过从洪武到永乐的数十年的经营，永乐十一年（1413年），明朝廷决定设立贵州布政使司，划云南、四川、湖广、广西各一部，组建成一个新的省级行政区。当年散落在西南地区的屯堡，就主要分布在今天的贵州省内。屯堡的建设和贵州布政使司的设立，有效地维护了国家的统一和地方的安定，促进了地方开发和民族融合，也体现了古人高超的政治智慧和管理艺术。

600多年前，来自南直隶的应天府、凤阳府，以及江西、浙江的军士及其家属，扶老携幼，远离故土，到达西南，在贵州地区安下家来，成为屯堡人。屯堡人落地生根，坚韧不拔，胼手胝足，开发贵州，对贵州的发展做出了巨大贡献。他们既是地方的守护者，又是地方的开发者。屯堡人的勇敢担当和巨大的付出，至今仍然令人肃然起敬。他们开拓进取，给贵州带来了先进的生产方式，耕种、养殖、纺织、冶铁，也促进了贵州商业的发展，沈万三传奇性的商业故事就具有典型意义。明朝重视文教，朝廷在边疆军卫和土司地区都大力推广学校建设。由于儒学教育的发展，后来，在全国科举考试的激烈竞争中，贵州的学子曾经先后两次夺得文状元。

贵州地区民族众多，屯堡人与各民族人民交错杂居，却能和睦相处。不同文化保持了各自的特色又互相包容，和谐发展，是中华文化多元一体的具体写照。屯堡人至今仍然保持着故乡的生活习惯和文化传统，语言、服饰、建筑、戏剧，在今天屯堡的村寨里、田野上，在日常生活、节日集会中，随时随地可以见到这些活的历史风景。这些延续数百年的独特风俗，是屯堡人身份的自我认知，是肩负国家使命的一种标志，也表现了他们坚守传统、不忘根本的韧性。屯堡人对遥远的故乡有着割舍不断的深情。以安顺天龙屯堡人而言，他们自明初至今已繁衍 20 余代，四姓族裔达数万人，他们每年都要面向家乡南京遥祭。2005 年 6 月，安顺地区的一支屯堡人曾经返回江南寻根。当他们在南京祖居地石灰巷与南京的乡亲们深情拥抱时，绵绵 600 多年的思念，如同长河打开了闸门，浓浓的亲情刹那间奔涌交融，场面令人泪奔。重视祖先传统，重视血脉亲情，在屯堡人数百年的文化传承和坚守中，展现了这种悠久的中华民族的特质，也让我们看到了中华文化源远流长的生命力和凝聚力。

屯堡是贵州地区生动的现实生活，是历史文化的“活化石”，也是一座丰富的宝库。历史的、文化的、民俗的、语言的、音乐的、美术的，乃至社会学、民族学、国家治理的诸多宝贝，琳琅满目，数不胜数。屯堡中也还有一些未解之谜有待开启。当代人有责任保护和传承这份宝贵的文化遗产，也有义务开发和利用这份宝贵的文化遗产。对屯堡进行深入研究，整理、研究屯堡的历史文化，深刻认识它的精神内涵，挖掘它的当代价值，是保护和传承屯堡文化的基础，也是开展保护和传承工作的前提。

对屯堡的研究，从 20 世纪 20 年代就开始了，到 20 世纪 80 年代成为一个热点。近二十多年，屯堡引起了社会各界更多的关注，许多学者和学术机构投入到屯堡的研究中，屯堡研究已经成为一个正在兴起的新学科。数十年来，在各个学科领域对屯堡的研究，已经获得了一大批成果，屯堡的历史面貌和文化价值越来越广泛地被认知。当前，在举国弘扬和传承中华优秀传统文化的形势下，有必要对以前的研究做一番梳理和总结，以推动屯堡研究开出新的生面。

2023 年，中共贵州省委宣传部决定实施“四大文化工程”，把编辑出版《屯堡文丛》作为其中一项重要工作。《屯堡文丛》设计规模宏大、体例严整、内容丰富，包括历史文献、专题研究、资料整理、文学艺术和创造性转化创新性发展共 5 个书系。可以说，《屯堡文丛》囊括了有关屯堡历史文化的全部内容。《屯堡文丛》是对屯堡文献的全面收集和整理，是对以往屯堡研究成果的完整总结，也是为今后屯堡的保护、研究和开发利用打下的坚实基础。对屯堡的历史文献和资料进行收集整理，本身也带有抢救保护的意义，让这些宝贵的文献资料不再丢失，将它们挖掘出来，服务于当代社会和文化建设。对前人的研究进行总结，同时是一项具有前瞻意义的工作。一切研究和实际工作，无不是在前人成果的基础上进行的，利用成果，汲取经验，以开辟新的路径，取得新的成果。《屯堡文丛》秉持全新的出版理念，精心编辑、精心制作，努力为全社会奉献出文化巨制、文化精品。相信，《屯堡文丛》的出版，将会为社会各界提供更多的方便，大大推进屯堡文化的研究、传布和开发利用。无疑，《屯堡文丛》的出版，也将进一步彰显屯堡的价值，助益于传承和弘扬中华优秀传统文化，助益于维护国家统一、促进民族融合的伟大事业。

2024 年 2 月 24 日于小泥湾

# 序

屯堡文化是贵州多元文化版图中重要的组成部分，具有独特的内涵和多样的形态，不仅是贵州多民族文化的代表，也是江淮民俗文化活态传承至今的载体，它融合了中原和江南文化的元素，同时保持了其地区文化的特点和中华传统文化的内涵；它既是屯堡人恪守文化传统的成果，又是在长期生产生活实践中创造的独特地域文化，是不可多得的宝贵遗产；它身处一隅，却生动展现了中华大地各民族交往交流交融的宏伟历程，对研究、铸牢中华民族共同体意识具有重要价值。如何挖掘、弘扬屯堡这一珍贵历史文化遗产的时代价值，是值得深入思考研究、汇聚力量加快推进的一项重大文化工程。

为此，中共贵州省委宣传部推出了《屯堡文化研究转化传播重大文化工程工作方案》，旨在深化对屯堡文化的研究，实现其创造性转化和创新性发展，突显其在保卫国家统一和促进民族融合中的重要价值，同时也为中华优秀传统文化的传承和发展做出新的贡献。其中，贵州民族出版社承担了“屯堡文丛·文学艺术书系”部分丛书的编辑出版工作，该系列图书注重呈现文学原创和屯堡地戏艺术精品，聚焦了独特的屯堡文化和多元文化的交融，以期让更多人主动地了解、关注、传播屯堡文化，使其在新时代焕发新活力。

“屯堡文丛·文学艺术书系”在守正的前提下，不断将传统与现代有效结合，通过深入的田野调查和精心编纂，将这些珍贵的资料集结和出版，为研究者和爱好者提供了宝贵的资源，同时也为贵州屯堡文化的全面展示奠定了坚实基础。“屯堡文丛·文学艺术书系”着眼于贵州的历史发展脉络，挖掘出屯堡文化具有“磨洗认前朝”的重大历史价值，并弘扬其在铸牢中华民族共同体意识方面的重要文化价值。

回顾历史，我们不得不为祖先的勤勉、智慧和文化创造深感自豪。他们赋予我们的这份珍贵文化遗产，不仅见证了中华民族的深厚历史和悠久传统，更成为我们文化根脉的重要组成部分。展望未来，我们深感荣幸与责任重大。我们深知，保护和传承好贵州的非物质文化遗产，不仅是贵州文化创新发展的客观需求，也是在全球化背景下保持文化多样性和独特性的现实需求。我们期待着通过共同的努力，将这份丰富而多元的文化遗产更好地传递给后世，让它们继续照亮我们的前行之路，为我们提供不竭的智慧和灵感。

是为序。

# 前　言

现今，贵州实施“四大文化工程”，其中之一就是屯堡文化等历史文化研究推广工程。在贵州讲屯堡文化，首先要讲屯堡历史，也就是屯堡文化形成的历史。屯堡历史的讲法，不外乎古语今译，不外乎身临其境，不外乎回归日常。

## 一、古语今译，要让今人听得懂

本书的一个重要挑战就是古语今译。汉语古籍中记载历史的书面语言，不外乎文言文或白话文。缔造贵州屯堡的关键时期为明初洪武与永乐时期，记载当时史事的主要文献包括《明太祖实录》《明太宗实录》等编年体实录典籍以及诸如《皇明开国功臣录》《皇明开国臣传》之类的人物传记著作，这些史籍主要用文言文写作而成。此外还有诸如《大诰》等少数的白话文文献。无论是文言文还是白话文，当时的文字对于今天的大部分读者而言，都不算浅显易懂。

本书作为一本讲述屯堡历史的纪事作品，主要引述明代前中期形成的历史典籍以及明代中后期及清代的地方史志著作。引述历史典籍来创作历史类读物，从“原字”到“原意”的转换，必然面临古语今译的问题。为避免烦琐的考据，晦涩难懂的古语，笔者在引述古籍时遵循两点原则，一是引述较为常见的古籍，二是引述不必追求“原字”的准确，但尽量追求“原意”的真实。

撰写纪事类的历史读物，有人认为较易，有人认为很难。认为较易的人，原因在于基于文字识读的信息筛选，但筛掉今人可与古人共情的大部分时代信息之后，我们易知其然，难知其所以然；认为很难的人，觉得难在相对准确地传达历史语境信息，使我们在略知其然的同时更知其所以然。古语今译是一件很难的事情，不仅在于古代文句的翻译，而且在于语境转换之后的信息提取，通过提取古籍文字背后的历史信息，给今人营造一种身临其境的氛围，使我们能够走入历史，与历史共情。

## 二、语境转换，要让今人身临其境

具体到贵州而言，屯堡的历史要讲“洪武征南”与“洪武填南”，讲明初卫所的建置与移民，讲贵州建省。

“洪武征南”是洪武以后民间的说法，主要指明代洪武十四年至洪武十五年（1381 年至 1382 年）朝廷以傅友德等为征南将军领兵三十万平定占据云南的元梁王势力的历史事件。在这一事件中，明廷以统一云南为战略目标。以“洪武征南”概括此事件，泛泛而谈固不为错，而将其放到整个洪武时期西南历史的大背景中则值得商榷。明初，政府对于中国西南边疆的经略，主要表现为洪武四年（1371 年）对明夏政权的平定，平蜀十年以后进行的统一云南的军事战争，以及采取相应的军政措置将今云南与贵州等地纳入明朝直接管辖的版图，又五年之后朝廷再度大规模用兵滇西及川滇黔交界之地的乌蒙诸部。前后两次战略性军事行动的用兵规模都达三十万人，加上首次平滇战争之前、两次战略性军事行动之间及之后的系列军事活动、军政措置及土司政策、开中贸易、驿道建设、城池修筑等配套行动，“洪武征南”可理解为西南民间社会对整个洪武时期明朝政府治理西南地区的概括。它强调明朝统一云南的平滇战争，却不仅止于此。

“洪武填南”也是民间历史叙事的概括性表述。但是，相较于地方家族有关移民始祖的“征南”叙事，声称始祖是“填南”而来的却属少数。“征”彰显的是官军身份，代表了明朝的国家意志，“填”多针对百姓而言，加之为解决军费问题而实施的“开中法”，今人想当然将之与明初屯田形式联系起来，以“征南”者对应军屯，“填南”者对应民屯，“开中”者对应商屯，殊不知“填南”者实系规模化垛集湖广等各地民丁编入卫所的旗军。以明初滇黔各地的形势论，要通过生产自给的方式最大限度地解决军队供给问题，非军事化的方式绝难实现。换言之，“填南”群体的生产活动同样受限于军事卫所的制度框架，民屯并无大规模实现的社会基础与组织条件。

解读卫所的设置与移民，需要关注明初的制度设计及将之付诸实践的现实成本。在历史典籍中经常见到“征南三十万众就地留戍黔中”，甚或“百万移民来到云南”之类的研究或科普性表述，联系当时的制度设计及制度的践行成本去思考，即便不结合早期文献的具体记载，也很容易理解这些表述都是想当然的夸饰之辞。解读卫所移民，关键在于区分卫所武官的主导地位与旗军的主体地位。明初卫所武官是国家军事集团的主体力量，但其内部仍然有“从征”和“归附”之别，有群体身份及相应的制度性差异，这种差异造成卫所内部的话语权及后续在地化的选择差异。评价卫所设置而不考虑设置成本，讨论卫所移民却不知悉武官与旗军的来源及群体身份差异，则难以得出相对准确的结论。

贵州建省的背景要从土司的维度来认识。我国西南地区民族分布格局具有整体上的稳定性和延续性。明承元制，置贵州宣慰司于贵阳，该地处于水西安氏、水东宋氏及八番等三大土司集群交会之地。贵州宣慰司以安氏、宋氏为宣慰使，但二者各领诸部，各有辖地，在政区层级上为同级而非隶属关系。至于八番系土司集群，以洪武六年（1373 年）将原元朝八番宣慰司同知萧安礼编入贵州卫任副千户为标志事件，明廷先后承认卢番、洪番、小龙番、小程番等一众小土司的地方世袭治权，在贵州卫开设后的数年里，即将该土司集群纳入贵州卫的军事兼领范畴。永乐时期，朝廷裁撤思州宣慰司、思南宣慰司，析其领地置思南、思州、石阡、铜仁、乌罗、新化、黎平、镇远等八府，又改普安安抚司为普安州，加上洪武年间已设置的贵州宣慰司和安顺、镇宁、永宁等州，明初贵州表面上有诸府州的建置，实际上仍依赖各级各类土司治理地方社会。诸如水西安氏所领诸则溪、普安州各营及其他各府州县之长官司。总之，为数众多的基层土司才是贵州建省之初治理地方社会的主体力量。

“洪武征南”是显露在外的历史，属于地方社会高度概括的历史叙事；“洪武填南”是隐藏在内的历史，“填南”群体更多地处于“失语”的地位，“征南”群体为凸显自己在移民群体内部的优势地位时才会补充性地提及这一群体。“话语”行为通过强调而凸显特定的历史，也通过忽略而隐讳特定的历史。在文献强调或忽略的表象之下，我们所能还原的历史场域相较于文献叙事本身，在过滤主观性遮蔽之后才更接近真实的历史。

## 三、追溯历史，要让日常成为底色

历史发生在具体的生产生活之中，城池的修筑，夯土为墙，烧土为砖，开山凿石，垒石为墙，人力的组织，后勤的保障，都在步履蹒跚或挥汗如雨中实现。官兵的调遣，公文往返，差使络绎，正军户、贴军户选人服役，服役家族置备军装，行军中的风餐露宿等，都是数不尽的琐碎米盐，道不尽的悲欢离合。

波澜壮阔的历史，终究要回归日常。朱元璋建立明朝，年号“洪武”，寓意浩荡宏大的武功。濠人朱元璋以布衣起家，以武功建国，“洪武征南”“洪武填南”等自我或他者的叙事，使“洪武”之号终归不失慷慨豪迈之气。明军从金陵（今江苏南京）王霸之地溯流而上，浩浩荡荡，经洞庭湖而入八番之地，行军百十余日，途经普定、盘江、普安、曲靖、乌撒、昆明、大理等地，其间发生的多次战役在旬日或朝夕之间结束。备战以年计，行军以月计，攻伐对垒以日计。波澜壮阔的历史，发端于日常，也终究会静水流深，回归日常。

从外地调遣来的卫所武官与旗军，在卫所驻地安家立业，繁衍家族，渐渐成为本土居民。与此相应，以军事编制方式组织起来的营区性质的生产单位——屯堡，也会逐渐转变为本地化社区。这些社区，或分布在城池之内，或散落于乡野之间。从营区到社区，从驻军到居民，和平时期的日常才是生活的主旋律。

安顺市西秀区两所屯全景（李立洪　摄）

# 目　录

# 第一章

# 初征云南

讲贵州屯堡的历史，必然要从“洪武征南”“洪武填南”开始，再讲卫所设置与贵州建省，然后是卫所移民的在地化与屯堡组织的村寨化，最后是清朝卫所裁撤与屯堡文化的形成。其间，西南驿道畅通的保障、地方驻军的给养、非战时状态的财政体制等，都是屯堡历史不可忽略的背景。

“洪武征南”始于洪武十四年（1381 年）九月的一声号令，随后在当年年底至次年年初，明廷先后经昆明、大理、乌撒等地，平定元梁王把匝剌瓦尔密、段氏与乌部实卜等势力，再设置云南、贵州等都指挥使司及云南布政使司等省级军政机构，实现对云贵地方的统治。“洪武征南”包括平滇过程在内，还有平滇之前与平滇之后的诸多军事行为和军政措置，其间最为显著的是两次战略性军事行动，我们可称之为“初征云南”与“再征云南”。

“初征云南”的史事，除了平滇战争的过程，容易忽略的还有明夏政权对元梁王的战争及这次战争对明廷平滇战争的预演价值，朱元璋对待元梁王势力的态度及相应的西南观念在现实军政态势中的转变，洪武时期军事集团及军事制度对朝廷西南经略行为的限定性影响等。

## 一、明夏袭滇

元至正二十年（1360 年），天完政权平章政事陈友谅于采石矶弑皇帝徐寿辉，而后其于江州称帝，国号汉，年号大义。时有徐寿辉部将明玉珍已据重庆，占成都，领有巴蜀之地。明玉珍闻陈氏弑主自立，命部将驻守夔门以拒陈友谅，立徐寿辉庙于重庆城南，又自称陇蜀王。两年后，即元至正二十二年（1362 年），明玉珍亦自称帝，国号大夏，改元天统，以重庆为国都。

## （一）徐宋本末

所谓天完政权，是元末徐寿辉于元至正十一年（1351 年）在蕲州路蕲水县（今湖北浠水）建立的地方性政权。该政权正式国号为“宋”，又以北宋第五位皇帝英宗赵曙使用的第一个年号“治平”为年号，充满恢复宋朝之意，可谓“徐宋”。

徐宋政权以“复宋”为宗旨，传世文献却称其为“天完”政权。“天完”之意，看起来更像是文字游戏，即“大”字顶上加“一”，与“元”字头上加“宀”，取压制、盖住“大元”之意。朱元璋曾隶属于韩林儿号召的“韩宋”政权，而韩宋于元至正十五年（1355 年）在亳州建立，以韩林儿为“小明王”，国号宋，年号龙凤。徐宋早于韩宋数年，这对于曾以龙凤政权相号召的朱元璋在政治层面的合法性是有影响的。据推测，朱元璋登基为大明皇帝后，不仅回避其借用龙凤政权旗号之事，也回避徐氏建“宋”之事。

元至正二十年（1360 年），陈友谅在兼并倪文俊势力三年后，弑杀徐寿辉，自行登基称帝，建国号汉，改元大义，历时十年的天完政权退出历史舞台。

## （二）明夏据蜀

湖广随州人明玉珍身材高大，传说其一目重瞳，时人认为拥有重瞳者会大富大贵，他也因此在当地颇有号召力。元末红巾军起事于黄河、淮河之间，各地变乱迭起，明玉珍认为天下大乱将至，决定召集乡民集聚武力，力量弱小的时候可以自保，力量变强的时候或能割据一方。于是他部署地方势力，在各要害地方修栅治城，分兵据守，有兵十余万，明玉珍被推为“屯长”。当时，徐寿辉等已建立天完政权，定都蕲水，并陆续攻取荆湖、江西各地。徐寿辉遣使招降明玉珍，曰：“早降，共富贵；不来，举兵屠之。”明玉珍惧，遂降徐寿辉。徐寿辉授其为统兵征虏大元帅，仍领所部，遣守沔阳，并往其西部发展。

元至正十七年（1357 年），倪文俊被徐寿辉攻陷于峡州（今湖北宜昌），明玉珍率斗船五十艘掠粮于川峡间。当时，元四川行省右丞完者都、左丞哈林秃等在重庆募兵，来自西平寨的义兵元帅杨汉听说之后，想要谋取一官半职，便率部众五千至重庆。杨汉安置部属于城外江北，单骑入谒完者都，而完者都则想乘宴会之机击杀杨汉，进而吞并其部众。事情败露后，杨汉逃脱，归营后，将士皆愤怒不已。随后众人乘船沿江东下峡州，遇明玉珍，声称重庆城中兵少且弱，右丞完者都与左丞哈林秃二人互相轻视，相互拆台，乘此机会攻取重庆将是非常容易的事。明玉珍部将万户戴寿认为机不可失，建议抽调部分兵力与杨汉部众一起去攻打重庆，能打下来最好，打不下来就掠夺一番重回峡州，也不会有多大损失。抱着“有枣没枣，打一竿子再说”的态度，明玉珍率其部众及杨汉所领兵溯流而上，开赴重庆。当时的重庆城承平日久，民众忽然见到长江水面船只麇集，由此发生骚动，左丞哈林秃出战被擒，右丞完者都率部下逃往果州（今四川南充）。明玉珍遂占据重庆，附近降者日众，势力增强。徐寿辉因此授明玉珍为陇蜀右丞，承认其在巴蜀一带的地位。明玉珍以重庆为根据地，不到两年间尽有川蜀之地，仍奉徐寿辉为主。

元至正二十年（1360 年），陈友谅率众进驻采石矶，弑杀徐寿辉，即皇帝位，国号汉，改元大义。陈汉政权以江州（今江西九江）为都，后江州为朱元璋所据，又以武昌为都。陈友谅弑徐寿辉自立为帝的消息传至重庆，明玉珍声言要讨伐陈友谅为徐寿辉复仇，命令部将莫仁寿驻守夔关以拒陈友谅，又立徐寿辉庙于重庆城南奉祀。因徐宋政权被陈汉政权取代而不复存在，明玉珍也由原陇蜀右丞自称为“陇蜀王”，以相对独立的名义设置官署，建立政权。四川泸州人刘桢建议明玉珍建国称号，刘桢为元朝进士，曾任大名路经历，原本罢官在家，因明玉珍部将赏识其才华，认为其可担重任，便向明玉珍举荐。明玉珍与之交流、讨论时事后，对其甚为欣赏，擢其为参谋。刘桢劝说明玉珍：“今天下大乱，中原无主，西蜀形胜之地，东有瞿塘，北有剑门，沃野千里，所谓天府之国。大王抚而有之，除去盗贼，养其伤残之民，用贤治兵，可以立业。于此之时，不称大号以系人心，部下将士皆四方之人，恐思其乡土各散而去，大王谁与建国乎？”

刘桢以为，明玉珍部属多从随州、沔阳州等地追随而来，要扎根巴蜀地方，只有建国称号才能维系人心。至正二十二年（1362 年）三月，明玉珍称帝，国号大夏，纪年天统，仿周制设冢宰、司马、司空、司寇、司徒、宗伯等六卿，又置翰林院，内设国子监，外设提举司教授，府置刺史，州置太守，县置令尹，设科举选拔人才，明夏政权得以建立。

## （三）袭滇失利

元至正二十三年（1363 年）八月，陈友谅中流矢横死于湖口，其子陈理年仅十三岁，被枭将张定边等拥立为帝。明夏政权得此消息之后，并未出兵与朱元璋势力争夺荆襄之地，而将主要精力放在巴蜀，以重庆、成都为“基本盘”，北窥汉中，南控黔南，并尝试西取云南以巩固明夏这个区域性割据政权。

该年年底，司马万胜占领陕西行省兴元路（今陕西汉中）巩固蜀地北部形势之后，明夏政权即着手实施三路攻滇的计划：司马万胜由叙州路（今四川宜宾）进兵，司寇邹兴由建昌路（今四川西昌）进兵，指挥芝麻李由八番（今贵州贵阳一带）进兵。换言之，明夏政权三路攻滇的计划以会师昆明为目标，邹兴一路经嘉定府溯越嶲河至建昌而南，沿安宁河谷南下至会理州，过金沙江经元谋、禄丰等地而绕至昆明之西；芝麻李一路经播州（今贵州遵义）至贵阳，过安顺而西，由今贵州兴义经云南宜良至昆明（若由今盘州经曲靖至昆明，则与万胜军至昆明的东线路段重叠）；万胜军一路经今贵州威宁、云南曲靖至昆明。

元至正二十四年（1364 年）三月，万胜军先至云南，元梁王把匝剌瓦尔密等弃昆明城而遁走，退保金马山，转入威楚（今云南楚雄），这正是原邹兴军拟要阻断的梁王后路。万胜军入昆明城，遣使四出招安晓谕，投降者日众，于是向明玉珍报告此次顺利进军的梗概：军队经过乌撒（今贵州威宁）一带的时候，地方势力表示配合并提供了补给；抵达马隆（今云南曲靖马龙）的时候，敌人望风而逃；再由驿道西进，直抵昆明城下并据而有之。

四月，梁王把匝剌瓦尔密的属下大都率兵侦察军情，抓获万胜部将姬安礼，从他口中得知万胜之兵仅有八千之数，于是梁王与大理总管段功合兵进攻万胜军。最终，梁王、段氏联军打败万胜军。万胜认为孤军不可深入，战士又多损伤，于是引兵东还重庆，袭滇之战宣告失败。

北门城楼简介
城北门

会理城门（胡开全　摄）

明夏袭滇战役失败，主要有三方面原因：

一是投入的总兵力不足。万胜军抵达昆明之时仅有兵力八千人，估计邹兴、芝麻李等另外两路兵力大致与万胜军相当，总兵力或不足三万。明夏政权进取云南的军事行动，之所以谓之“袭”，主要在于进攻兵力不足，难以通过正面交战取胜。

二是军队未能协同。三路军队分别由西昌、宜宾和贵阳进军昆明，很难做到有效协同，尤其难以同时抵达昆明，从而形成三面围困昆明而彼此呼应的局面。万胜孤军深入，在中庆路（今云南昆明）、开南路（今云南楚雄）等地之间陷入与梁王、段氏联军的缠斗之中。

三是非本土作战，缺乏地利。万胜军突然抵达昆明城下，孛儿只斤·孛罗帖木儿未知其虚实，因此弃城逃跑。在知悉万胜兵力不足万人之后，又尽快重整旗鼓，积极组织部署并联合大理段氏势力从中庆路、大理路两面夹击万胜军。

元至正二十五年（1365 年），明夏袭滇失败的次年，明玉珍更置六卿为中书省和枢密院，蜀地各要害之处皆由军中重要将领驻守，以邹兴为平章守成都，吴友仁为平章守保宁（今四川阆中），莫仁寿为平章仍守夔关（今重庆奉节），邓元亨为平章守通州（今四川达州），窦英为参政守播州（今贵州遵义），荆玉守永宁（今四川叙永），商希孟守黔南（今贵州贵阳一带）。明夏政权的控制范围，大体包括今四川、重庆各地，还有贵州遵义、贵阳及黔南一带。

数年以后，明朝政府平明夏政权，进而治理贵阳等地。明夏政权经营治理西南的经验对于明朝政府而言有一定借鉴意义，也为明朝替代明夏政权统治这些地区奠定了基础。其中，明夏袭滇可视为后来明朝平滇的一次并不成功的预演，明夏三路进军而不能协同作战，孤军深入遂至失败，对于明朝政府的西南军事行动具有参考价值。

# 二、招谕云南

元至正二十五年（1365年），朱元璋已称“吴王”，陆续夺取原陈友谅势力所控制的两湖、江西之地，仅原陈友谅左丞周文贵等部分势力尚在坚持斗争。朱元璋听闻明玉珍袭取云南失利，修书致明玉珍：

自刘福通、徐寿辉等起事以来，元朝失去对中原的控制，至今已有十四年了（1351年至1365年），当时举事之人十之八九都已败亡，究其原因，在于他们残暴而不能保全百姓。听说您发兵袭取云南，与当地居民为敌，百姓提供大量的军需物资，军人却掠取民财，这种背离民心的行为犹如“割股以啖腹，腹饱则身毙”，到底有什么好处呢？四川是天府之国，沃壤千里，历史上刘备曾经占据四川，与曹魏和孙吴形成三足鼎立的局面，我认为您现在最重要的是休养生息，巩固统治基础，而不是拓展地盘。当局者迷，旁观者清，我与您经历相似，惺惺相惜，希望彼此能知无不言，言无不尽。

元末群雄大多在起事之初，或为布贩，或为盐枭，或为渔夫，或为农家子弟，或为游方僧人，有一定群众基础、军事实力和智计，但未必一开始就有为民之心或取天下之志。其后经渐次兼并，局势亦渐趋明朗：陈汉势强，终因陈友谅横死而难为大患；张士诚有财富、军事实力，但疏于建设政权制度；明玉珍因侥幸占据重庆，袭取云南准备不足而失利，在陈友谅势力败亡之后并未乘机出三峡而窥湖湘，可见其立国于侥幸而志在保守巴蜀。朱元璋将明玉珍对云南的军事行动看成破坏后方稳定的不当行为，反映了他当时对待西南地区部族势力的真实态度。

## （一）争取云南

明朝建立之后，平定明夏之前，朱元璋曾多次遣使诏谕云南，是“诏谕”而非“招谕”，在于待之以藩属国的地位，而非招降后纳入直接统治范围。洪武二年（1369年）二月，明廷遣阿思兰、杨完者等持诏谕赴云南、日本等“国”。将云南与日本并列，又称之为“国”，可见明朝当时是视云南为藩属国的。洪武三年（1370 年）正月，明廷遣使表彰广西来安府土知府岑汉忠及其兄弟、子侄等人，因为该家族率先承认明朝的统治，并以武力要求近旁的部落及云南等地承认明朝的统治。五月，明朝给北元纳哈出的书信中写道：“原本元朝可以依靠且最有政治和军事发展潜力的不外乎李思，但他也被徐达率领的军队俘虏了，现在明朝军队即将攻取川蜀之地，也想要一鼓作气据有辽阳之地。”诏书称“云南、六诏使者相望，交趾、占城万里修贡，高丽称藩，航海来庭”，表明明朝已经认为自己不仅在名义上，而且也在事实上替代元朝成为各藩国之主，而云南、六诏则与交趾、占城、高丽等“国”一样是明朝的藩属之国。六月，明军擒获买的里八剌并封之为崇礼侯之后，朝廷同样遣使致书诏谕“云南、八番、西域、西洋琐里、爪哇、畏吾儿等国”，意在昭示明朝的“中国”地位和朱元璋的皇帝身份。

当朱元璋南平两广、北取元大都（今北京）之后，即着眼于仅能自保的明夏政权。洪武四年（1371 年）二月，朱元璋命汤和为征西将军，周德兴、廖永忠为左、右副将军，率师由峡州西进瞿塘而趋重庆；又命傅友德、顾时等率军由秦陇趋成都。四月，傅友德率北路军，先破阶州（今甘肃陇南武都）、文州（今甘肃文县），再克绵州（今四川绵阳）、汉州（今四川广汉），且将攻克各地城池的情况书写在数千块木牌上使其顺汉江而下，一来向汤和军传达信息，二来瓦解明夏军队的斗志。起初汤和军受挫，之后廖永忠突破瞿塘天险，与汤和分师进取重庆。随后，重庆明升降于汤和，明夏丞相戴寿等亦于成都投降傅友德。之后明廷论平夏之功，傅友德第一，廖永忠第二。

明廷平定明夏政权之后取得了管辖该地的权力，原明夏窦英所守播州、荆玉所守永宁与商希孟所守黔南被纳入明朝的直接统治范围，即今贵州遵义、四川宜宾以及泸州南部和贵州贵阳周边地区。洪武四年（1371 年）十二月，永宁、贵州两个卫陆续设置，播州宣慰司、贵州宣慰司等相继派遣人员到京师朝贡马匹及方物，以此承认明朝的统治。但是，对于元梁王的传统控制范围，明廷仍然采取了暂时维持现状的办法。

大体而言，洪武四年（1371 年）的平夏战争使朱元璋的“云南观”发生重要转变，这是时势变化的结果。此前，朱元璋视云南为藩属之国或当地居民自成一系的地方，此后，则视之为“中国”的一部分，要积极将之纳入明朝的版图，实现对云南的直接统治。

## （二）韩贞女的故事

平定明夏政权后，明朝政府继承了明夏疆域的统治权，对于云南的元梁王及大理段氏等地方势力的态度发生了变化，认为“云南”“六诏”等地已经由原来的藩属国转变为应该纳入“中国”版图的直辖之地了。

洪武四年（1371 年）七月，傅友德攻取成都并分兵招降附近的州县，对拒不投降者则诉诸武力。当时，成都西面的崇庆州知州尹善清拒绝了傅友德的招降，傅友德率军击败崇庆州守军，擒获并斩杀了尹善清。不过，让明朝官方记住尹善清的并非其拒降明军、捍卫明夏政权之举，而是他的妻子韩氏的传奇经历。元至正十八年（1358 年），保宁城中有一名韩姓大家闺秀，由于担心被明玉珍的军队掳掠，于是女扮男装。不久，元朝四川行省官兵战败，该韩姓女子被明玉珍的军队俘虏，并被当作一名男子编入军队。七年之后，明夏军队三路袭滇，韩氏随万胜等军参战，随即因为孤军深入失败而还。韩氏在随军撤回的途中遇到自己的叔叔。叔侄相认之后，二人找到韩氏的军中长官，韩氏的叔叔告诉军官韩氏实为自己的侄女，并拿出一大笔钱给军官，叫他另外招募一名士兵来代替韩氏的位置，直到此时士兵们才知道与自己朝夕相处的“兄弟”竟是女儿之身。韩叔赎回侄女之后就把她带到成都生活，当地一尹姓公子听闻此事，认为韩氏就是当代花木兰，心生爱慕之情，于是下聘礼迎娶了韩氏。尹姓公子后来成为明夏政权崇庆州的知州，最终在傅友德兵临城下时为明夏尽忠而死，韩氏也被时人认为是贞女，传颂一时。

平定明夏之后，朱元璋将目光投向云南。明廷曾派出一批使者，试图与缅甸取得联系，以此对云南元梁王形成政治压力。当时，朱元璋了解到缅甸在云南西南方向，与八百国、占城等国接壤，麓川、平缅等地方势力也曾臣服于缅甸。缅甸曾通贡于元，朱元璋也希望缅甸能通贡于明。于是，明廷派出田俨、程斗南、张祎、钱允恭等带着诏书，拟绕道安南、占城前往缅甸。田俨等至安南，正值安南与占城发生战争，道路阻滞。之后，朝廷只得召还使者，唯有田俨于洪武六年（1373年）回到了金陵。

## （三）王祎使滇

陇蜀等地先后归入明朝版图，朱元璋对西南各民族的态度也相应地发生变化。此前主要是将云南的割据性政权当成朝贡之“国”来对待，含有牵制明夏政权之意，所谓诏谕主要为告知之意。此后，朱元璋则将云南视为应该纳入版图实现直接统治之地，诏谕之义仍旧，但也进一步具体地表现为“招谕”，将云南纳入明朝直接统治范围的政治意味愈加明显。其中，洪武五年至洪武八年（1372年至1375年）翰林待制王祎、元威顺王子伯伯、湖广行省参政吴云等分别作为使臣前往云南的三次招降都先后失败，这宣告了和平统一云南政策的失败。

明朝首次正式以统一为目标遣使招降云南元梁王之事发生在洪武五年（1372年），使者是王祎。王祎，字子充，义乌人，学识渊博，曾到元大都求职，即便得到危素、张起岩等元朝官员的欣赏和推荐，却并未如愿走上仕途，于是返回家乡义乌青岩山隐居著书。元至正十八年（1358年）十二月，朱元璋亲自率领亲军副都指挥使杨璟等，以十万大军会同胡大海的部队攻取婺州（今浙江金华），随即于婺州设置中书分省，建立起一套省级官僚系统，以王祎为首的七位当地儒士被聘为掾史，王祎等因此得到召见。数年后，朱元璋于建康（今江苏南京）设礼贤馆，聘请当时知名的儒学之士研讨经史并咨询军政时事，后世知名者如刘基、宋濂、陶安、苏伯衡等皆在其中，而王祎等也经当时的金华守将朱文忠推荐进入礼贤馆。王祎被聘入礼贤馆不久，得授江南儒学提举司校理，累迁侍礼郎，掌起居注。从王祎负责的事务来看，其身份相当于朱元璋身边的学者、参谋和档案官。后来，王祎因言事违背朱元璋的旨意被外放为漳州府通判。洪武二年（1369年）二月，朱元璋决意编修《元史》，于是诏中书左丞相宣国公李善长为监修，起用原起居注宋濂、漳州府通判王祎为总裁，集合当时经史儒学知名之士编修《元史》。数月后，宋濂被任命为翰林学士，王祎任待制。次年二月，又续修《元史》，仍命翰林学士宋濂、待制王祎为总裁。

洪武五年（1372年）正月初五，明廷派遣翰林待制王祎等人带着诏书前往云南招降元梁王把匝剌瓦尔密，诏曰：

国家必须建立一套制度来管理百姓与治理社会。以前，元朝君主施政不当，导致至正十一年（1351年）红巾军起义，十七年之后，明朝就建立了。我朱元璋本是老百姓出身，带领义军部队以淮泗一带为根据地，命令诸将四处征伐，西平陈友谅，东缚张士诚，南下闽粤，北清幽燕，奠安华夏，恢复传统中国的统治疆域，因此被民众拥戴，即皇帝位，建立明朝，领导一众邦国。之后，我派遣使者到各地宣告旨意，藩属之国与各民族首领等，都前来进贡地方物产，并表示臣属"中国"。对于镇守云南的梁王把匝剌瓦尔密、平章段光、都元帅段胜等，我也曾专门遣人告知你们，但由于明夏政权的阻隔，我的意见并没有传达到云南。去年，我命令汤和、傅友德等两路出师，水陆并进，抵达重庆后招降明升，平定成都后擒获戴寿，平定明夏，在当地设立建制进行管理。平蜀之后，我犹恐消息未能传达给你们，又再次遣使告知你们。现今，中书右丞相魏国公徐达从北平送来苏成等人，称是你们派去联络北元的使者，现在我让苏成等带着诏书随王祎前来招谕你们。我不能像中国古圣先贤那样让"四夷"怀服，但也不能不向全天下宣示，我就是当今天下之主。该告知的已经告知，是继续割据一方，还是归顺，你们看着办吧。

王祎自正月从南京出发，出发时正值灯火闹新春，经过近半年的跋涉，于六月初到达云南昆明，当地已是梅雨初过的"晒袍"之季。刚到昆明，王祎就与梁王把匝剌瓦尔密见面，向他递交朱元璋的诏书，并称："现今明承元鼎，各地归属，只此云南一方，地处边陲，未得到皇明教化恩泽。因此，皇帝特派我为使者，前来传达朝廷旨意，愿你尽快奉上云南版图归顺。"梁王叫人接过诏书放在一边，因一时未有决断，只能先安排王祎等暂时住下，同时，心里未免感叹："我派去寻求北元助力的人，反过来成为劝服我归顺明廷的引路人，世事政局真是朝夕巨变啊！"

数日后，王祎又劝梁王称："归顺明朝，接受中央统治，不仅地方免遭战火，百姓安堵，你自己虽然不能继续称王一方，但保全身家性命，享公侯之爵，高官之禄，留下有功家国的后世美名，想必是没有问题的。只要你归顺，往大了说是顺应天命，有功于明朝，往小了说是有功于民，再造云南，仍享高官厚禄，比肩开国功臣。一念之差，天上地下，应该早作决断啊！"此时梁王不得不认真考虑个人进退和云南的出路问题。

数日之后，梁王并未明确表态，王祎再次劝告："我不畏万里跋涉之险，刚刚从吐蕃返京，又奉命前来云南，并不是为自己邀名图利，而是传播朝廷恩泽，心系百姓苦乐。今明廷为云南百万黎民考虑，叫我前来招抚尔等。假若你们拒绝招抚，届时朝廷必定诉诸武力。等到明军压境，一切悔之晚矣！"梁王心中暗忖，云南僻远，明朝若大动干戈，劳民伤财，即便占而有之，也未必划算。但他嘴上却道："明玉珍曾三路出兵，我一时不明敌情被袭，随后凭借本土作战的地理之便，联合大理段氏，击退万胜等军。明朝军队想要攻占滇池、洱海之地，想必并不容易！"王祎闻此，也不以为意，仍对梁王说："明夏之军，怎能与明朝之军相比较呢？当初陈友谅占据荆湖，张士诚纵横吴会，明玉珍全有天府之国，也都一一被平定。你们元朝，曾经武功震烁天地，至如今君主死于漠北，间有智勇敢战如扩廓帖木儿、李思齐等人，或窜或降，都未能拯救元朝。"王祎侃侃而言，梁王已有降明之意。但梁王转念一想：我以孛儿只斤氏为大元国姓，世祖忽必烈为大元朝开国皇帝，高祖忽哥赤、曾祖也先帖木儿、祖阿鲁、父孛罗等世代袭封云南王，其间若有功勋，仍可在爵位上有晋升。列土封疆，军政实权，世代爵禄，元朝并不负我，我却要转身向明朝称臣。元朝以云南为行省之地，明革元鼎，以元朝的继统者自任，明夏未亡之前还能在表面上将我云南作为藩属国对待，今明夏已亡，明朝势必仍以行省之地待我云南，而不再是需要笼络的藩属之国。一旦我纳土称臣，若以元朝归顺者或"四裔"部落首领待之，封王封公大多是并无实权的虚号；以一方割据势力待之，大抵稍强于战败而降的陈理、明升。至于统治一方的权力，即便仍然领有云南之地，但明朝势必驻扎军队，安插流官，权力也会大受掣肘。降吧，对不起元朝的世代恩泽；守吧，如今天下已然归明朝，失去元朝统一号令的个别残余势力难以再有作为。是降是守，梁王未有定夺，只能先将王祎等人安顿在当地的报国寺，以礼相待。这类寺庙，既区别于民间商人经营的客栈，又不直接代表官方却有深厚的官方背景，可以监视王祎一行但又给了他们最大限度的自由活动空间。

王祎深知梁王并非果决之人，于是一边耐心等待梁王转变思想，一边接受梁王的招待。王祎等人在昆明城内外的亭台楼阁里与梁王臣属交流学问。王祎的这种非官方的不经意间的文化传播交流无疑极大地缩短了昆明与金陵之间的认同距离。受王祎的影响，梁王臣子归属明朝的意愿增强，但梁王仍然持观望拖延的态度，似乎想要逃避这种历史性的抉择。

正当梁王犹豫不决时，北元一位名叫脱脱的使者也来到昆明，使梁王更加难以抉择。明朝建立当年，徐达率领的军队攻占元大都，元顺帝孛儿只斤・妥懽帖睦尔出逃，随后死于应昌（今内蒙古赤峰克什克腾），其子孛儿只斤・爱猷识理答腊在应昌即位。两年后，应昌又被明军攻破，爱猷识理答腊率数十骑逃至和林（今蒙古国境内），仍以“朝廷”自居，是为“北元”。北元虽然僻处荒漠一隅，仍以恢复故土相号召，想要联络云南地方势力共拒明军。于是，北元派出脱脱一行，经青海河湟、川西松潘一带过横断山走廊，历时年余，到达昆明。

梁王虽一时难以决断，也知道脱脱的到来使局势更加复杂，于是梁王把王祎等人的居住地从报国寺转移到可以信赖的当地士绅家里，以免脱脱一行知晓王祎的消息。脱脱在昆明待了一段时间之后，还是知晓了王祎的存在，于是逼迫梁王做出选择，称：“你梁王身负孛儿只斤的姓氏，是元朝世祖皇帝忽必烈的嫡系后裔，世代袭封云南王，如今不打算复兴元朝，反而想要投降覆灭我大元皇朝的敌人，你死去以后有何颜面去见列祖列宗啊！”是否归附明朝，梁王心下犹豫之处正在于此，脱脱径直公开将梁王心里话说了出来，使得梁王不能再逃避现实，不得不做出明确选择，当然这也是部分仍然心系北元的官僚的心声。梁王无奈，只得请出王祎与脱脱见面。脱脱意欲逼迫王祎投降北元，王祎严词拒绝。脱脱想要坚定梁王拒明之志，有心杀掉王祎，司徒达里麻等敬佩王祎的学问气节，想要以“两国交兵，不斩来使”相劝解，又称王祎人品才学天下无双，不可无故杀之。但脱脱深知，只要王祎身在昆明，即便什么都不做，也会促使梁王最终倒向明朝，这样的话，元朝的复国之计更加无望。眼见梁王并没有阻止脱脱斩杀自己，王祎心知自己死期已到，感慨道：“我死不足惜，云南兵燹之祸，也要开端于此啊！”洪武六年（1373 年）十二月二十四日，王祎被杀于云南，终年 52 岁。

## （四）伯伯使滇

王祎遇害近八个月之后，大概明朝政府已经得知王祎遇害的消息，于是再次派遣伯伯带着朱元璋的诏书前往云南。伯伯出发的具体时间是洪武七年（1374 年）八月初五。朱元璋在诏书中说：

顺天者昌，逆天者亡，这是古今定论，祸福常理。我本是濠州的平民百姓，兴举义军，削平群雄，平定祸乱，至今建立明朝已有七年。现今“四夷”顺附，地方势力但凡归顺大明的，都保持原有领地，共享天下和平带来的福德。只有你云南梁王把匝剌瓦尔密，是元朝君主孛儿只斤氏的嫡亲后裔，受封为云南王，不能顺应天意臣服我朝。以你在云南袭杀大理段功的结果来看，你们与云南本土势力之间，终归势同水火。为什么呢？云南的土地、人民原本属大理段氏管理，自汉通中原，称臣朝贡，至唐宋皆受王封，歆慕中原文化、接受中原统治由来已久。以前，你们覆灭大理国而统治云南，现在元朝实际上已经不复存在。你的靠山元朝已经倒了，如果不以我大明为新的靠山，必然同时承受来自大理的压力与我明廷的怒火，后果将不堪设想。现在，我特意派你的亲族威顺王之子伯伯前来招降，如果你归顺我明朝的话，你仍然做你的云南王统治云南。否则，我将扶持大理的势力统治云南，推翻你在云南的统治。是否归顺大明，就看你自己了。

六天后，朱元璋又让赵元佑、张进、沙德成等带着诏书及赏赐物品，与上个月前来京师的云南建昌前元左丞阿里所遣使者夹失伯里等一同赴滇。数月后，伯伯等到达昆明，并没有劝说梁王归顺明朝，而是与梁王等人一起结为同盟了。

## （五）吴云使滇

整整一年以后，未见使者伯伯、赵元佑等返回，于是朱元璋拟派湖广行省参政吴云赴云南。洪武八年（1375 年）九月初一，朱元璋征询吴云的意见，说：“现今天下统一，四方宾服，只有云南一隅之地尚未承认我明朝的统治权。我想要派军队统一该地，又感觉因为边裔之地而动用军队、消耗国库，让老百姓承受损失，实在不划算，你能为我当说客吗？”吴云闻此，连称愿意一试，并表示云南元梁王应该能顺应天下大势，早日归附大明，万一他冥顽不从，再行征讨不迟。于是，明朝就委派吴云赴云南劝降元梁王。

与吴云一起赴云南的，还有元梁王的臣属铁知院等人。原来，元梁王迫于北元的压力，派铁知院等人出使漠北，被明朝大军俘获并送往京师。朱元璋命释放铁知院等人，叫他们跟吴云等一起去昆明。数月后，吴云等行至昆明城外沙塘口，铁知院等心想：我们本来是受梁王派遣出使北元的，结果在路上被明军抓获，就这么跟着吴云回来，算怎么回事！由于担心梁王降罪，铁知院等人遂诱逼吴云改穿蒙古族人的衣服，装扮蒙古族人的发饰，以此冒充北元派来云南的使臣。不仅如此，铁知院还想进一步逼迫吴云将明朝皇帝朱元璋颁发的诏书改成北元嗣君爱猷识理答腊的，大家一起欺骗梁王。吴云誓死不从，遂为铁知院等人杀害。元梁王后来知悉铁知院等人杀害吴云一事，派人收殓吴云尸骨并送到四川给孤寺埋葬了。

其实，吴云本是常州宜兴人，曾做过元朝的端本堂司经，后改任翰林待制，洪武元年（1368 年）明军攻克元大都，其被俘送至明都金陵，授弘文馆校书郎，历任渭南县丞、刑部郎中、湖广行省参政等职。因此，吴云不仅熟知蒙古族人的服饰及语言，对元朝文书体式等也是熟稔的，这些可谓是铁知院起意胁迫吴云冒充北元使者的客观条件。如果吴云配合铁知院等人欺骗元梁王，一时之间未必不能蒙混过关。

## 三、早期的贵州卫所

明朝洪武时期的贵州军事力量部署，大体可分为三个阶段：平定明夏以后至平定云南之前为早期，平定云南至再征云南之前为中期，再征云南及之后为晚期，早、中、晚期大致分别对应洪武四年至洪武十四年（1371 年至 1381 年）、洪武十五年至洪武二十一年（1382 年至 1388 年）、洪武二十二年至洪武三十一年（1389 年至

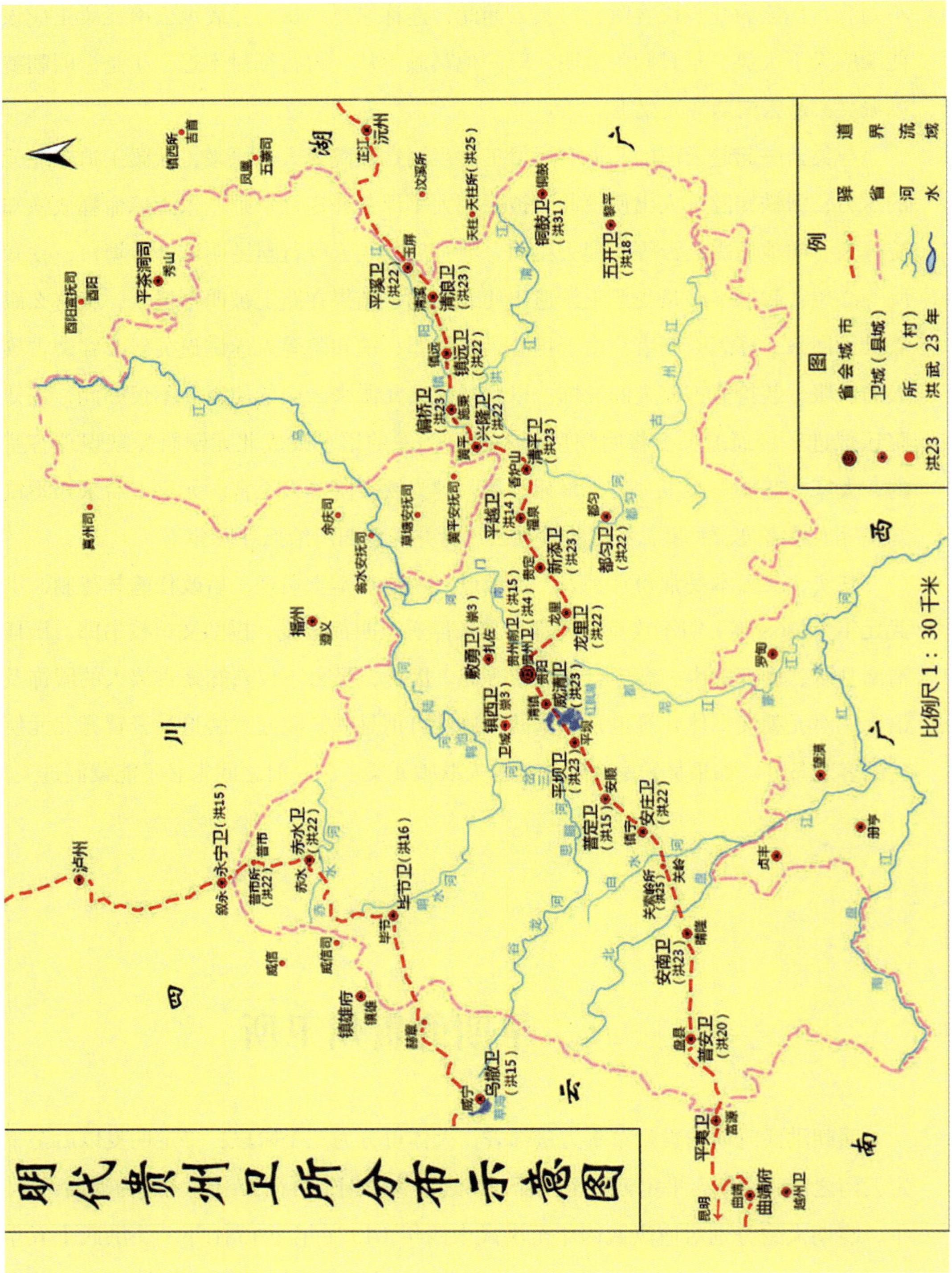


明代贵州卫所分布示意图（范增如　绘　吕燕平　校）

1398年）。洪武早期贵州的军事力量，主要由永宁卫、贵州卫、黄平守御千户所、平越守御千户所等构成。

洪武四年（1371年）十二月，明朝政府设置永宁、贵州两个卫。当时，明朝政府已先后实现对原湖广行省与四川行省的统治，直接与云南元梁王势力接触。这两个卫的设置，既是对原明夏政权控制区域统治的强化，也直接形成针对原云南行省的军事部署。

对于贵州卫的设置，正在四川整顿军务的曹国公李文忠有自己的整体考量，他认为贵州卫所驻的地方，虽然在行政上隶属于湖广行省，但在军事上应隶属于成都都卫，遇有紧急军情则应同时寻求成都都卫与武昌都卫的支援。这种民政、军事各有统属，湖广、四川交叉兼辖的情形，构成了整个明代贵州军政管理体制的重要原则。在李文忠看来，成都水路至重庆设有36个驿站，重庆陆路至播州（今贵州遵义）设有9个驿站，播州陆路至贵州（今贵州贵阳）设有5个驿站，共计50个驿站；由贵州往东，经播州东南（今贵州福泉、黄平一带）、思州（今贵州镇远、玉屏一带）至沅州（今湖南芷江）达辰溪（今湖南辰溪），途中设21个驿站，辰溪至湖广设16个驿站，共计37个驿站。武昌至贵州，较之成都至贵州，水路、陆路虽各少若干驿，但成都至重庆所经为长江水道，顺流而下，舟行捷疾，重庆经播州至贵州陆路仅经14个驿站。湖广经辰溪至贵州历37个驿站，皆系逆流而上，驿程虽少而抵达更难，因此贵州卫应归成都都卫节制，至于行政官吏则仍以路程远近为据，归湖广行省管理相对方便。

从李文忠的设想来看，贵州卫的领属关系有节制贵州之意。当时所谓的"贵州"，除了明初广西的"贵州"（旋改贵县，隶浔州府），又以当时贵州宣慰司所驻之地称"贵州"（即今贵阳）。贵州卫驻地位于湖广、四川、云南三大行省交界处，这成为贵州卫日后形成省级政区的地理基础，也折射出贵州卫设置之初的重要军事地位。

贵州卫因平明夏而设，官兵主体由守蜀将士构成，驻守各地新设卫所的官兵又主要来自明夏归附明朝的军队，这些军队主要由最初跟随明玉珍入川的湖广人，还有入川以后收编的当地部队组成。早期的贵州卫，卫所主要军官应该是早期追随朱元璋及其主要将领中的淮泗旧部，其次为陈友谅、张士诚、明玉珍等势力归降朱元璋的普通军官，其旗军构成也大体如是。贵州卫一开始没有大张旗鼓地在当地屯田，其军饷主要由贵州、播南与八番系诸土司就近供给。所谓贵州即贵州宣慰司，实际上包括鸭池河以西的水西系土司与鸭池河以东的水东系土司，播南即播州宣慰司，八番系土司的主体区域在今贵州省黔南布依族苗族自治州及贵阳市花溪区一带。他们每月给贵州卫提供约一万五千石（本书计量单位少数沿用旧制）粮食，不够的部分由四川行省财政每年统一解决。贵州卫的武官俸禄与旗军月粮合计一万五千石以上，从当时大都督府奏议守蜀将士的整体俸粮水平来看，驻守贵州（今贵阳一带）的官兵在七千人以上。

明朝政府在贵州驻军以后，随即设置贵州卫，时在洪武四年（1371 年）的腊月。至傅友德等率大军征进云南以前，贵州卫是明廷稳定贵州地方秩序的主要军事力量。洪武九年（1376 年）七月，指挥佥事张岱卒，朝廷命礼部遣官祭之。贵州卫指挥佥事张岱、指挥同知胡汝等或卒或调，顾成在贵州卫的地位逐渐凸显。十二月，贵州新添瓮傍等寨发生动乱，贵州卫指挥佥事顾成将其平定。

贵阳设卫驻军之后，黄平一带的军事地位也逐渐凸显。黄平一带在洪武七年（1374 年）的时候设置了播州黄平宣抚司来管理地方。但是，该黄平宣抚司并不能有效管理地方，维护地方稳定，随后不久就发生了聚众杀掠吏民的事件。洪武十年（1377 年）正月，明廷调成都中卫军士两千人，加上从成都左、右、前、后四卫和贵州卫抽调的军士七百人，共二千七百人守御黄平。洪武十一年（1378 年）正月，以守御黄平的军士为基础，朝廷开设黄平守御千户所，调贵州卫的一名叫张潮的千户官员领兵驻守当地。后来傅友德率军平定云南，拟将黄平守御千户所升级为黄平卫，后又放弃了这种打算。

平越是黄平往西至贵州的另一重要去处，明朝平明夏以后，由平越安抚司治理当地。时有地方动乱，波及四十余个乡村聚落共两千余人，最后平越安抚司向贵州卫求援方才平息事端。贵州卫因势分兵驻守，数年后设置平越守御千户所，至傅友德率军平定云南时将平越守御千户所升格为卫。

# 四、贵州土司格局的初步重塑

洪武时期西南土司格局经历过两次大规模重塑，分别以明夏政权和云南元梁王政权的覆灭为标志，大体属于元亡明兴背景下区域地缘政治的生动表现。

在明朝军队克平明夏政权的次月，朱元璋即遣使谕告八番、乌撒等地的本土势力，要他们来京师朝贡，承认明朝政府的统治地位。当时的八番、乌撒等地实际属于云南元梁王的势力范围，当然也受到明夏政权力量的辐射，属于两大区域性势力的接触区。此时，明夏已被更为强势的明朝平定，朝廷开始关注原云南地方势力的归属，试图通过土司拥护的力量，压缩云南元梁王势力的活动空间。

当时的贵州（今贵州贵阳）作为湖广、四川与云南三大行省交界之地，也是水西、水东与八番系土司集群的连接处。

## （一）水西系土司

明朝平定明夏后，随即在贵州驻军，驻军的军饷由贵州、播南、八番供给，实际上也大体确定了贵州及周边的土司格局。所谓播南，也即播州。先有播州前参政余仲方赴金陵贡马，随后有播州宣慰使杨铿、同知罗琛、播州总管何婴等朝贡方物，纳元所授金牌、银印、铜印，朝廷仍置播州宣慰使司，杨铿、罗琛等仍任旧职，改总管为长官司，以何婴等为长官司长官。又所谓贵州，也有前贵州宣慰使郑彦文及土官宣慰使霭翠、叔禹党、宋蒙古歹等赴金陵贡马及方物，朝廷诏郑彦文等仍任旧职，宋蒙古歹、霭翠皆世袭贵州宣慰司官，又置贵竹等十一个长官司。还有龙番、方番、韦番、金石番、新添等处的土官赴金陵贡马，普定府女总管适尔及其弟阿瓮等也赴金陵朝贡马匹，朝廷以适尔为土知府并世袭其职位。

播州、贵州等处相对强大的土司势力，大概皆由元朝或明夏派驻的流官先行赴金陵朝贡，一众大小土官及土官代表随后跟进，明朝秉承元朝及明夏政权原来的基本政策，仍以元朝及明夏派驻的流官参与地方治理，同时又以大小土官群体为地方治理的主体。各土司归顺后，明朝连元朝及明夏派出的流官都没有替换的打算，使中央政府在当地的统治政策最大限度地保持了延续性。明夏替代元朝的统治据有四川，除了云南元梁王控制的范围，曾派出军队驻守播南、永宁等地，由参政、宣慰使等官参与地方治理。明朝取代元朝建立大一统政权，视明夏政权为割据势力，因此视曾暂时接受明夏统治的诸土司为前元之官。

洪武初，霭翠与宣慰同知宋蒙古歹归附明朝，改“顺元”为“贵州”，其世职由宣抚使升为宣慰使。明洪武四年（1371 年）年底，朝廷罢八番顺元宣慰司都元帅府，置贵州卫，随后又改顺元路宣抚司为贵州宣抚司。洪武六年（1373 年），朝廷改贵州宣抚司为宣慰司，令霭翠为宣慰使，宋蒙古歹为宣慰同知，霭翠虽位居诸土司之上，实则互相之间各领原地，并无隶属关系，都在贵州城中履职。至此，以贵州卫为代表的军事戍守力量兼领八番系诸土司，名义上的贵州宣慰司实际上处于水西、水东两大土司集群对峙的状态，仍然延续着元朝的整体治理格局。最初，乌蒙诸部大多只称名，唯于名上加“阿”为通称，久之渐忘其姓氏。明朝建立后，朱元璋赐霭翠为安氏，又赐宋蒙古歹名宋钦。霭翠卒，妻奢香袭。

概言之，明初贵州宣慰司实为水西、水东两大土司集群的共名，水西系土司以宣慰使霭翠为首领，水东系土司以宋钦为首领。霭翠由明朝赐姓安氏，所辖地域相当于今贵州息烽、修文以西，普定以北，水城以东区域。水西土司集群主要分布在鸭池河以西地区，与水东土司集群形成直接竞争关系，对后世贵阳、安顺等地的历史产生重要影响。

## （二）水东系土司

鸭池河以东的水东系土司集群，主要分布于今贵阳乖北地区。据载，水东宋氏之宋鼎，唐德宗时期为蛮州刺史；又有宋朝化，唐明宗时期为清州刺史。蛮州在今开阳一带，清州属今平坝。宋太祖开宝八年（975 年），宋鼎之裔宋景阳，将“乌蛮”也即水西系土司的势力逐出黑羊箐，黑羊箐在矩州，大概在今贵阳主城区一带。宋朝在宋景阳所领地方设置蛮州总管府，后来讹传为大万谷落总管府，传至宋永高，兵力渐强，移居矩州。宋永高卒，嗣子衰弱，又退居蛮州，矩州为彝部所据有，此地即为后来的贵州。

水东系土司集群以宋氏土官为领导家族。元世祖时期，水西军民千户宋添富降元，其后又有新添葛蛮安抚使宋氏内附，皆贵阳近旁各地宋氏之裔。

洪武五年（1372 年）正月，贵州宣慰司的多位土官赴金陵贡马及方物，朝廷赐水东系土司首领宋蒙古歹名为宋钦，授贵州宣慰同知，世袭，亲辖陈湖等“十二马头”（又称洪边“十二马头”或陈湖“十二马头”），领贵竹等长官司。洪武十四年（1381 年），宋钦卒。洪武十五年（1382 年）四月，妻刘淑贞随其子宋诚入朝。水东宋氏所领地，有“十二马头”与贵竹、水东等十余个长官司。“马头”是水东宋氏的基层统治形式，由宋氏宗支分片管理，每个“马头”辖数十个村寨。今开阳县境及乌当区北部皆为原水东宋氏亲辖诸“马头”之地。清代贵筑县辖洪边里，管有四十七个村寨，其“北衙寨”实即宋氏土司在贵阳城北设衙门的地方，其“云锦庄”即原“宋氏别业”。

明代水东宋氏所领诸长官司即贵州宣慰司名下诸长官司，与明前期贵州卫、中后期程番府、后期贵阳府及定番州所领诸长官司并无交集，至清代演化为贵阳府亲辖地诸司、里，开州、修文、龙里等州县部分辖地。其地有贵竹、白纳、中曹、水东、青山、龙里、扎佐、乖西、底寨、养龙坑等长官司。

大体而言，水东系土司集群以贵州宣慰司宣慰同知宋氏为首，宋氏亲辖“十二马头”，领贵竹等十余个长官司，各长官司大多设置于洪武五年（1372 年），且有正、副长官司之分。其中，除了贵竹长官司于万历年间改为乡，归并平伐长官司地置新贵县，其他长官司或因介入明末奢安之乱而废置中衰，或延续至清代转变为基层行政管理单位。

### （三）八番系土司

除了水西、水东两大土司集群，还有由贵州卫兼领的八番系土司集群。该土司集群形成于宋元时期，在明代先被整合进贵州卫的管理系列，至明中后期朝廷又先后开设程番府及贵阳府定番州初管辖其地。

宋代南宁州并非现今广西壮族自治区南宁市，而是今贵州省贵阳市花溪区至黔南布依族苗族自治州惠水县一带的羁縻州。该羁縻州势力以龙氏最强，号“龙番”，龙氏先与宋朝建立朝贡关系，之后其他土司也先后与宋建立朝贡关系。元世祖至元年间，朝廷招降分布于今贵州惠水一带的卧龙番、大龙番、小龙番、程番、罗番、石番、方番、卢番、洪番等部，置八番罗甸宣慰司以统之，又置顺元等路宣慰司，统贵州（今贵州贵阳）、金竹府（今贵州长顺、平坝等境）及顺元路诸部（今贵州修文、开阳、黔西等境）。其后，八番、顺元这两个宣慰司合并，置八番顺元等处宣慰司都元帅府于贵州，即今贵州贵阳。所谓八番顺元等处宣慰司都元帅府，实际上合水西、八番与顺元等三大土司集群而言之，元朝置宣慰司而加都元帅或管军万户等军事职衔以强调民政与军事结合的职能。

洪武四年（1371 年）以前的八番对于明朝而言仍是一个相对抽象的概念。朱元璋理解的“天下”概念，包括“中国”及边裔之民、各藩属之国，八番即属于边裔之民。在洪武四年（1371 年）平定明夏政权之前，八番是明朝积极争取以牵制明夏及云南元梁王势力的重要力量。之后，明朝改各安抚司为长官司，唯升金筑长官司为安抚司，陆续将该土司集群的各土司置于贵州卫的管理之下。

洪武五年（1372 年）七月，贵州卫指挥同知纪雄等出兵攻克平伐、卢山、山木等寨，其部众投降，表示愿意每年缴纳租赋。十二月，贵州八番宣慰司同知萧安礼携柏坪新乡、卢番、洪番、小龙番的土司代表及程番、卢山等长官司长官赴京朝贡方物，朝廷赐萧安礼文绮五匹、衣一袭。洪武六年（1373 年）正月，原八番宣慰司前宣慰同知萧安礼升为贵州卫副千户，这表明八番系土司的势力已经被纳入贵州卫的军事编制序列。

早期贵州卫先后领卧龙番、大龙番、小龙番、方番、金石番、程番、小程番、韦番、洪番、卢番、罗番、上马桥、卢山、木瓜、麻响、大华、平伐、大平伐、小平伐、把平、丹平、丹行等二十余个长官司，还有金筑安抚司。其中，金筑安抚使密定等率先朝贡京师。起初，朝廷先降金筑为长官司，三年后又升其为安抚司，仍以密定为安抚使，其他少数原为安抚使的土司皆降为长官司长官。还有平伐长官司，治今贵定县云雾镇平伐村，初隶贵州卫，洪武二十八年（1395 年）改隶龙里卫。大平伐与小平伐长官司，皆治今贵定县云雾镇境，初隶贵州卫，后改龙里卫，小平伐司及把平司又改隶新添卫；丹平长官司治所位于今平塘县通州镇东南，丹行长官司治所位于今平塘县西南；其他各长官司大多分布于今惠水县境。

大体而言，八番系土司集群在明初多由贵州卫兼领，主要分布于今贵阳市及惠水、长顺、龙里、贵定等县境。洪武六年（1373 年），明朝改元代八番宣慰司同知萧安礼为贵州卫副千户，改卢番等诸安抚司为长官司，通过直接将其编入贵州卫或由贵州卫兼管的形式，实现对该土司集群分布区域相对有效的统治。其后虽有部分长官司的隶属关系发生变更，转而改隶龙里、新添等卫，但长期来看，其仍由卫所兼领。

## （四）普定的影响

洪武五年（1372 年）正月，普定府女总管适尔及其弟阿瓮等判断情势，先后赴金陵朝贡献马，明朝任适尔为土知府，该土知府职位可以世袭。三月，前普定府同知安瓒之叔阿查亦赴京师朝贡方物。洪武六年（1373 年）正月，朝廷于普定府设流官，以前府判阿刚为通判。普定府实际上成为元梁王势力与明朝四川、湖广军事力量相接触的前沿。当时普定府的势力，主要有女总管适尔及其弟阿瓮等。数年后，土知府适尔去世，土知府安瓒掌握权力。安瓒在与明朝保持联系的同时，又接受元梁王巴匝剌瓦尔密的管辖。元梁王派部将金容刀驻守普定。当时普定一带的大小土司势力，诸如宁谷、西堡、康佐、十二营等，大多并无严格统属关系，他们各领其众，各辖其土，一面向明朝示好，另一面又听从元梁王势力的辖制。

普定土府安榨城遗址（吕燕平　摄）

# 五、平滇战争

明朝平定明夏政权之后，进一步统一云南势在必行。于是，洪武十四年（1381年）九月，朱元璋命将出师，主力部队道经贵州，过普定、普安，偏师出四川永宁，经乌撒至曲靖，之后主力、偏师合兵西进，克昆明，据大理，更置元云南行省为明云南布政使司，设立云南都指挥使司、贵州都指挥使司，云南局势初定。洪武十七年（1384年）三月，明军班师还朝，平滇之役暂告结束。

## （一）臣属“中国”的“西南夷”

明朝建立以后，朱元璋以“天下共主”的身份来统治“天下”。这个“天下”，“中国”居中而“四夷”皆奉其治权，“天下共主”对“中国”实施直接统治，对“四夷”实施间接统治。表面上看，被中央政府界定为“四夷”的地区或者群体仅需保持形式上的臣属关系，按照朝廷的规定到京师朝贡就可以了。实际上“中国”与“四夷”的空间界限常常是彼此交错而模糊的动态存在，“华夷”之间的界限并非截然明晰的。在朱元璋看来，西南地区理所当然属于中国的一部分，但不能采取和内地一样的统治方式。

一方面，“西南夷”臣属于“中国”。洪武元年（1368年）正月，朱元璋登皇帝位，诏告天下，认为元祚已终，自己得到上天的眷顾和祖宗的保佑，平定各处动乱，登上皇帝宝座。这个所谓的“各处”就包括“两淮、两浙、江东、江西、湖湘、汉沔、闽广、山东及西南诸部”。当时，四川尚为明夏政权所占据，云南行省属元梁王的势力范围且仍奉元朝为正朔。所谓“西南诸部”主要限于湖广常德、澧州、辰州、沅州、靖州等府州毗邻的慈利、思州、思南等宣抚司或宣慰司范围。洪武十四年（1381年）朱元璋在征南誓师动员大会上宣称：“云南以前属于‘西南夷’的范畴，到汉朝的时候就接受‘中国’的统治，由中央委派官吏主导地方治理。我继承了元朝的‘中国’治权，他们设置云南行省的地方也就属于我‘中国’的统治范畴。”朱元璋的天下观决定了他必然对屡次招抚却不奉表归附的元梁王势力采取军事行动。同年十二月，朱元璋遣内臣晓谕乌撒、乌蒙等处土司，称“西南夷”自古就奉“中国”为主，以小事大，臣属于“中国”。总之，“西南夷”臣属“中国”既是历史的选择，也是现实的必然。

另一方面，“西南夷”又不同于“中国”。洪武七年（1374年）有朝臣认为播州宣慰司及贵州金筑、程番等中小势力的土司既然归入明王朝版图，他们就应该跟内地“王民”一样丈量土地并定额纳粮，以此满足贵州等卫所的需要。对此，朱元璋既承认明王朝对“西南夷”的统治权，又认为要采取“静”的统治策略，不要比照内地统治方式去“扰”他们。

大体说来，朱元璋既认为“云南”属于“中国”的一部分，又视其为“西南夷”之地。简言之，包括贵州在内的“云南”从宏观上属于“中国”，就具体的部落或民族而言又与内地接受中央王朝直接统治的地方民众有区别，不能以统治中原的制度统治“西南夷”。

同时，朱元璋对前朝势力复兴的担忧与防范决定了他对经营滇黔的重视。南宋时期，蒙古军队避开长江天堑，从甘肃出发经川西走廊至云南灭亡大理政权，从而形成对南宋的战略大包围。作为明朝的开国者，将都城定于南京的朱元璋应该不会忽略这段历史。为了防止重蹈覆辙，也就是为了防止北方的“残元”势力再次崛起，防其经川西走廊取道云贵而威胁到以南京为京畿的明政权的统治，朱元璋不仅会统一云南，并且会大力经营以昆明为中心的云南。

## （二）必然发生的统一战争

明朝派出的使者王祎、吴云等相继在昆明被杀害，尽管看似不是元梁王巴匝剌瓦尔密的直接责任，但作为云南最高军政长官，他又必须担起这份罪责，毕竟使者是在梁王的管辖范围内出事的，甚至是在他的眼皮子底下出事的。朱元璋认为，既然和平统一的道路走不通，那武力统一就成了唯一的路径。和平也好，武力也罢，统一都是不可阻挡的趋势，因为这是明朝最高统治者朱元璋的决定，并且明朝本身也具备了统一云南的实力。

建立明朝前的朱元璋承认元朝统治的正统性，但同时认为元祚已终，因为元朝并不能镇压四方割据称雄的势力而维持大一统的局面，加上连年的旱灾、蝗灾，民众饥馑，已经没有实力继续统治“中国”。朱元璋在群雄中脱颖而出，先后平定湖湘、江浙、闽粤等地的割据势力，将山东、河南等地纳入版图，称帝于金陵，又进军河北诸郡，取元大都，相继据有山西、陕西、四川等地。元所领有的“中国”之地，大体为明朝所继承，这在朱元璋看来，是“中国居内以制夷狄，夷狄居外以奉中国”的传统王朝格局的恢复，是自古帝王临御天下的主流形式。除了个别特殊行省，元朝曾经设置行省的地方，都应该纳入明朝皇帝这个“天下共主”的直接统治范畴。因此，在元祚已终的前提下，元朝的云南行省自然也应该归入明朝的版图之中。

明朝有统一云南的实力。朱元璋所领导的政治军事集团在建立政权及扫平群雄的过程中经历诸多恶战，先后攻取河南、河北、山西、陕西等地，在残酷的战争中锻炼出一大批英勇善战的将领，积累了丰富的作战经验。明朝平滇军事行动既有诸如洪都之战等经典的守城战例可以借鉴，也有以徐达北伐为代表的大兵团运动作战的成功经验，更有平定明夏政权时的两路进军之法可以直接参考。云南、四川毗邻，山川地理、民族格局等方面有诸多相似之处，明朝平定明夏的战争某种程度上可视为日后平滇战争的预演。

永宁卫、贵州卫的设置及这两个卫早期的军事经略也为后来统一云南创造了条件。永宁卫及叙南千户所的陆续设置，尤其是永宁卫可谓嵌入水西、乌撒、沾益诸部落势力的楔子，成为从四川进入云南的前沿阵地。贵州卫、黄平守御千户所及平越守御千户所的陆续开设，贵州等卫所早期的军事行动等，都极大巩固了明朝对以贵州卫城，即贵州宣慰司治地为中心的地带的控制。加上明朝在贵州、四川南部及湖广西南一带推行的土司制度，思州、思南、播州、贵州等宣慰司的力量成为明朝统一云南的重要助力，明朝统一云南可谓万事俱备。

## （三）西进的大军

洪武年间明廷平滇与平明夏类似，但平明夏之后恢复统治秩序却相对容易。曹国公李文忠巡视四川城池，抚绥军民，招集民众及明夏溃亡士卒编入军队。他自洪武四年（1371 年）七月上任，次年正月离任，半年时间即告蒇事，迅速建立了蜀地的统治秩序。至于平滇战争，取昆明、夺大理等军事行动都相对容易，战后社会秩序的恢复与军政措施的推行，相较于平明夏的善后措置，施行起来却遇到更多的困难。

洪武十四年（1381 年）八月初一，朱元璋告知朝堂上的文武诸臣："云南在秦汉以前是'西南夷'居住的地方，汉代以后设官置吏，成为'中国'的一部分。现在，把匝剌瓦尔密等自恃险远，我多次派出使者，希望能够和平统一，但都被杀害了。把匝剌瓦尔密等心存邪念，负有罪责，必须征讨！"群臣一致赞同朱元璋的意见，于是朱元璋下令诸将从各亲军卫所、各都司卫所抽调军士，为统一云南作准备。经过一个月的准备，这次军事行动从各亲军卫所、各都督府直隶卫所、各都司卫所共抽调出官兵二十四万九千余人。

一个月后，也即同年九月初一，朱元璋来到位于今南京市玄武区中山东路的明皇宫正殿前门，当时称为奉天门，在声势浩大的出征仪式上，命令傅友德为征南将军、蓝玉为左副将军、沐英为右副将军，统率将士出征云南。朱元璋在出征仪式上做了动员讲话：

"云南偏僻，路途遥远，今部队开拔，一定要做好沿途的地理侦察工作。我曾认真研究地图，征询大家的意见，知道如何夺取那些军事要塞。大体来说，应该运用侧翼、主力部队两路进军之法，就是侧翼部队从永宁出发往乌撒方向开进，主力部队从辰州、沅州一带沿着元代湖广通往云南的驿道前进，到了普定以后就要分兵占据沿途各处要害，然后再进兵曲靖。曲靖这个地方是云南的喉襟所在，梁王的部队必定在这里阻击我军，两军对垒之际，我们要善于借助地理形势，出奇制胜。攻下曲靖以后，傅友德、蓝玉、沐英等三人，其中一人即刻率领精锐部队前去乌撒接应那支从永宁出发开赴乌撒的偏师，另外两位将军就要率领主力部队直捣昆明。记住，一定不要让梁王带领的军队与以乌撒为中心的当地部族军队形成合力，要让他们彼此牵制，疲于奔命，就一定能够获得胜利。攻下昆明城以后，分出一支部队直接进军大理，慑于我大明军队连战皆捷的声势，大理段氏的部队必将瓦解。至于其他部落，势单力薄，遣人招谕就好，就不必一一派出部队去征讨了”。军队开拔，朱元璋来到都城西门外为军队饯行。

同日，朱元璋又派人传达谕旨给播州宣慰使杨铿：“以前元纲不振，乱兵四起，天下百姓没有安生的日子。现在，我已统一‘中国’，征讨各处未归顺的势力，边疆各地土司都来都城称臣纳贡。他们前来朝贡，或许是想窥探朝廷虚实，没有摆正心态，这是自取灭亡。你世代镇守播州，作为边疆之屏障，却听信不实之言，怀有二心，罪责难逃。今大军南征，你要以战马三千匹，土兵两万人为先锋，通过从征云南表明你的忠心，命令到达之日，即刻行动，不得违抗。”对于金筑土司长官密定，朱元璋要求他贡献五百匹马以助征讨，并称西南诸部虽已归附大明，但仍只是表面的朝贡关系，若密定能立即采取实际行动，待明军得胜班师之日，自然会重重犒赏他的功劳。

九月二十六日，傅友德率军抵达湖广，派都督胡海洋等赴四川，从四川各地卫所抽调五万官兵聚集永宁，以便从永宁出发进军乌撒。

大军西行的同时，明廷也对湖广通往四川与湖广通向贵州的驿道进行整治。湖广通往四川的道路整治以设置水驿为主，马驿则集中于个别路段：夷陵州、重庆府、泸州、叙州府、嘉定州、眉州、成都府等各置水驿若干，这些驿站分布在今湖北宜昌至四川成都的长江干流沿线；至于该线马驿，主要在夔州府境内，意在巩固拓展施州卫至巫山县的陆路交通。湖广通往贵州的道路整治，主要集中在岳州至辰州府的马驿，共设驿站十八处，每处间隔六十里，长达一千余里的驿道状况得到显著改善。

## （四）元梁王与大理段氏覆灭

大军从都城出发近三个月的时候，由平凉侯费聚率领的先头部队接近普定。十余日后，傅友德、蓝玉、沐英等三位将军率大军抵达普定。明军攻克普定后，又至普安，复攻下之，乃留兵戍守，仍进兵曲靖。十二月十八日，傅友德大军至曲靖，在曲靖城外白石江与梁王部将达里麻所率十余万精兵决战。

白石江战役是明军平定云南时发生的最具规模的一场战役。最初，梁王把匝剌瓦尔密听闻明军攻下普定，迅速在曲靖集结部队十余万人。明军大部队攻下普定之后，明显加快了行军速度，七日内由普定西进，经镇宁州（今贵州镇宁）、永宁州（今贵州关岭永宁北）、安南（今贵州晴隆）、普安（今贵州盘州）直抵曲靖，一路并没有遇到有效抵抗。针对达里麻领众十余万的军情，沐英跟傅友德讲："我们率军疾进曲靖，达里麻等也一定准备不足，我们要打他一个措手不及，力争速战速决。皇上所谓的出奇制胜，也就是这个意思。"

傅友德肯定沐英的思路，加速进军，当到达曲靖城东数里之处的时候，忽然遇到大雾弥漫，于是冒雾而行，前进之路却被河水阻隔，这正是白石江东岸。白石江在今天已经变成了一条寻常的小水沟，但在640多年前，还是水流奔涌，蔚为壮观的。不久，大雾散去，达里麻陡然见到明军密密麻麻阵列于白石江东岸，未免心生畏惧，仓皇失措。傅友德想挥师渡河，沐英劝道："我军远来，又被发现，速战速决固然是好的，但渡河之时恐怕要遭受对方攻击。"于是，傅友德命令整个部队来到白石江边，假装准备渡河的样子。达里麻为防止大军渡河，也整师西岸与明军对峙。同时，沐英暗中另外派出一支数千人的部队，从白石江下游悄然渡河，绕到达里麻军背后，鸣金鼓，竖旗帜，大张声势地摆出攻击阵形。达里麻见后路被包抄，急撤西岸防御部队来抵御，沐英乘此机会挥师渡江，达里麻退却数里列阵。明军悉数渡江，列好阵形，傅友德麾兵进攻，矢石齐发，呼声震天动地。两军交战数回合，沐英纵铁骑直捣中军，敌众溃败，生擒达里麻，俘虏以万计。

傅友德向俘虏阐述了明朝西征云南的理由，并表示此番军事行动只是为了剪除梁王的势力，将云南纳入国家的版图，并不是为了杀戮普通民众。随后，傅友德就将他们都释放了，叫他们各自回家，各操旧业，该种地的种地，该放牧的放牧，贩运茶叶、马匹的继续贩运。当地居民见到明军放回俘虏，对明军的戒备抗拒心态明显减弱，明军声势也更加高涨。攻下曲靖之后，傅友德留兵驻守该地，随后率军数万直趋乌撒，蓝玉、沐英率领大军往昆明方向进军。

两天以后，元梁王把匝剌瓦尔密听闻达里麻兵败被擒，十余万众的主力部队溃败，顿时失去抵御明军的信心，于是与左丞达的、参政金驴等逃入罗佐山中。次日，

曲靖市白石江公园（吕燕平　摄）

右丞驴儿从曲靖逃奔罗佐山面见梁王，说："事态紧急，怎么办？"于是，把匝剌瓦尔密带着妻儿与达的、驴儿等逃奔。途中，把匝剌瓦尔密与达的、驴儿等三人在草舍中自缢。

十二月二十三日，蓝玉、沐英率军抵达昆明城外板桥驿，元右丞观音保等出降。次日，明军驻扎金马山，梁王家奴也先帖木儿进献梁王府兵符、印玺，蓝玉等整军入城。

休整数日后，蓝玉遣景川侯曹震、定远侯王弼、宣德侯金朝兴等各率兵若干进取临安、威楚诸路。次年正月，曲靖宣慰司征行元帅张麟，中庆、澄江、武定三路达鲁花赤及嵩明、晋宁、昆阳、安宁、新兴、路南、建水等七州达鲁花赤，昆明、富民、宜良、邵甸、河阳、阳宗等六个县的达鲁花赤皆投降。洪武十五年（1382年）正月十二日，捷报已至京师。

在蓝玉、沐英等率军攻克昆明前后，傅友德亲自率军自云南曲靖沿格孤山南入而西北出，直奔乌撒以接应都督胡海洋、郭英所率领的自永宁出发的部队。在傅友德发兵乌撒的时候，郭英等也正率军自永宁出发，路多险阻，诸将想要深入敌境，尽快与明军主力会合。郭英认为破敌先要声势夺人，攻取应该由近及远，他率军先攻赤水河，然后在离河二十里之外扎营。当时，正值岁末腊月，当地持续阴雨，河水暴涨，郭英认为敌军会因为河水暴涨而疏于防守，下令诸军斩木造筏，半夜渡河。直到第二天凌晨，部队已悉数渡河，敌军才发现对岸隔河远驻的郭英军队已经撤离。明军遂生擒阿客指，此消息传开，云南诸郡邑皆震惊。

赤水河守军溃败时，实卜得知都督胡海洋等兵从永宁开拔，就聚兵于赤水河以拒之。实卜又听闻傅友德大军抄后路而来，于是想要转头迎战傅友德部队，见对方军容齐整，守军随后都逃跑了。傅友德抵达乌撒，命令将士筑城准备持久驻守。正当军士挖土夯筑城基的时候，实卜军大举集合，傅友德令部队占据山冈高处，以应对敌军威胁。诸将请出战，傅友德故意不答应，但看到己方军队士气高涨，悍不畏死，于是下令称："我们跋山涉水，孤军深入，唯有胜利方有生路。他们逃跑了再回来，军心不稳，只要我们合力拼杀，胜利一定属于我们。如果等他们占据了有利地形，就不容易攻克了。"明军排好阵列之后，有芒部土官率众前来支援实卜，与实卜合势迎战明军。明军击鼓迎敌，双方战十余回合，乌撒、芒部诸部土官大多战死，各

大理龙尾关遗址（罗勇 摄）

部军士因此溃败，实卜也带领剩下的部众逃跑了。于是，傅友德令军士筑城，得七星关以通毕节，又克可渡河，打通了永宁经毕节、威宁至曲靖的川黔滇交通线，东川、乌蒙、芒部等部又震惊又畏惧，皆望风降附。至此，明军从京师出发至攻下昆明，历时近四个月，其中从攻下普定到占据昆明不及半月。攻下昆明以后，蓝玉坐镇昆明，沐英率军去接应傅友德攻乌撒之军。而后，傅友德、沐英、胡海洋等同返昆明。

洪武十五年（1382 年）闰二月二十三日，蓝玉、沐英等进兵攻大理。大理城背靠点苍山，西临洱海。土目段世听闻明军将至，聚众扼守下关。所谓下关就是南诏时期皮罗阁所筑龙尾关，号称险要。蓝玉等至品甸，遣定远侯王弼率兵由洱水东趋上关，亲率部队抵下关，制造攻城器具。半夜，都督胡海洋出石门，从隐蔽的通道渡河，绕至点苍山后，攀缘而上，竖立旗帜。拂晓，蓝玉率大军抵达下关，明军望见点苍山上己方军队的旗帜，踊跃欢呼，大理军回头一看，漫山已经是明军旗帜，顿时军心大溃。沐英身先士卒，策马渡河，众将士也不甘落后，遂破关而入。点苍山上明军望见主力部队已经攻入下关，也从山上往下进攻。段氏守军腹背受敌，大溃，明军攻下大理城，段世被擒。而后，明军分兵取鹤庆，略丽江，破石门关，下金齿，各处势力相继投降，云南全境悉平。

明军相继平定云南元梁王、大理段氏势力，与当年平定明夏时三路袭滇的显著区别在于这次敌方没有联合抵抗。当年明夏军败走之后，梁王执意刺杀了曾经打败万胜军的大理总管段功，导致大理段氏与梁王势同水火。此后二者各自为战，也导致他们被明军各个击破。不过，即便二者联合作战，从军官指挥能力、军士战斗素养、兵力规模及士气等各方面来看，平滇战役以明军大获全胜为结局也是可以预见的。

## （五）省级军政设施

在朱元璋的计划中，实现对云南的直接统治应该以军事为主，民政为辅，即以武力压制地方土司势力，使之称臣朝贡，供养军队，承担驿道的开支等。征南大军的进展比朱元璋预期的要顺利，于是朱元璋决定调整战略，在保持军事力量的同时，大幅强化军政体系的构建。

开设贵州都指挥使司。明军攻下普定的消息传回朝廷，朱元璋即命开设贵州都指挥使司，拟与贵州都指挥使司同时开设的还有云南左、云南右、云南前、云南后、普定、黄平、建昌、东川、乌撒、普安、水西、乌蒙、芒部、尾洒等十四个卫指挥使司。贵州都指挥使司是继贵州卫之后，设置于贵州宣慰司等三大土司集群接合部的主要军政机构，最早署理都司事务的军事长官为平凉侯费聚、汝南侯梅思祖。

费聚，字子英，明南直隶凤阳府五河县（今安徽五河）人。他早年跟随朱元璋，历任承信校尉、永兴翼副元帅、西安卫指挥使、都督府佥事等职，先后随明军平定陈友谅、张士诚、方国珍、陈友定等势力，洪武三年（1370 年）获封平凉侯。傅友德大军平定云南之时，费聚率先头部队最先抵达普定，随后过盘江，克普安，抵曲靖，战白石江，克杨林，抵昆明，随后下澄江、临安、楚雄，取大理等。贵州都指挥使司设置不久，朱元璋指令他辅助安陆侯吴复会同傅友德、蓝玉、沐英等荡平聚集在乌撒、乌蒙、东川、芒部等地的武装力量，保障湖广与四川通往云南的道路通畅。

梅思祖，明河南布政使司归德府夏邑县（今河南夏邑）人。其初为抗元义军元帅，曾归顺刘福通、张士诚，后归顺朱元璋，以战功获封汝南侯。洪武十四年（1381 年）九月，傅友德率征南大军行至武昌的时候，命梅思祖、都督佥事张铨等辅助江夏侯周德兴平乱。经过三个月，事态平息。适逢贵州都指挥使司开设，遂命之署理都司事务。贵州都指挥使司刚设之时，费聚仍随大军征战，梅思祖不久调入云南布政使司，后原陕西都指挥使程暹任贵州都指挥使。

开设云南都指挥使司。明军平灭梁王的消息传至京师，朱元璋立即将云南的行省设施改为布政使司。洪武八年（1375 年），明廷改各地都卫为都指挥使司，次年，改各地行省之名为承宣布政使司，负责掌管一省民政。虽然布政使司辖区不再称作行省，但人们仍然习惯称布政使司为行省，简称省，加上执掌一省刑狱监察的提刑按察使司，元至明初的行省制度遂被“都、布、按”三司并列的制度所取代。

朱元璋指示傅友德、蓝玉、沐英：“我刚刚得到消息，知道梁王势力已经被平定，明廷现据有昆明之地，但那些永久性的制度设施，你们还要认真谋划。我已经指示开设贵州都指挥使司，但滇池之地距离贵州宣慰司尚远，既然云南已经为我所有，那就必须设置云南都指挥使司以统率诸军。除了军事力量，云南之地有土地、人民，还必须设置布政使司及府州县以统辖其民。至于乌撒、乌蒙、东川、芒部、建昌等地，

明初贵州都指挥使司形势图（图片来自《中国行政区划通史·明代卷》）

更应该约束各地土司，留兵镇戍，严禁当地百姓携带武器。如果不能慑服霭翠等部族首领，即便现在占领了云南，也难以保证守得住。”

洪武十五年（1382 年）二月，明廷正式开设云南都指挥使司，前军都督佥事谢熊、云南前指挥使司右指挥使戈预、左军都督佥事冯诚等执掌都司事务。而后，朱元璋又命各都督府遴选致仕武官 57 员前往云南驻守各地城池，并命播州宣慰使杨铿遴选土兵沿途护送这些再次起用的致仕武官。

开设云南布政使司。明廷在开设云南都指挥使司的同时，又设置云南布政使司，改元中庆路为云南府，命梅思祖、潘元明署布政使司事。在朱元璋看来，云南民风尚武，必须派朝廷重臣镇守其地方，才能有效维护当地稳定。梅思祖既以武功封侯又能安抚兵民，潘元明历任行省的平章政事，能总揽政事，故以此二人暂署云南布政使司事，待事定之后除官代还。不过，梅思祖、潘元明皆相继于洪武十五年（1382 年）十月、十一月病卒于任。明廷在以梅思祖、潘元明总揽军政的同时，又命通政使司试左通政张纮为云南布政使司左参政，仪鸾司大使宋昱为右参政。

洪武十五年（1382 年）三月，明廷更置云南布政使司所属府州县，有府五十二、州六十三、县五十四。与今贵州有关的府有普安、乌撒、普定等，州有习安、永宁、镇宁、安顺，皆普定府辖州。当时，傅友德遣送故元威顺王之子伯伯及梁王家属 318 人回京师，伯伯即洪武七年（1374 年）被明军俘虏后派去游说云南元梁王的那名使者，这些人到达京师之后，都被流放到济州岛。

傅友德奏报称：“现今云南图籍不存，原有蒙古及本地驻守官兵之数无从稽考，只有依据现有梁王降军的情况酌情设置卫所驻守各地。至于主要用作本地军政开支的税粮，据元司徒平章达里麻等讲，仅靠清理元末僧道及豪右隐占的田土，并按照原来的科则来征税是不够的，应请布政司核实云南、临安、楚雄、曲靖、普安、普定、乌撒等卫及沾益、盘江等千户所现存储粮数，不够的再从今年各府州县征收税粮、原官俸田、寺院田田租和土官供输、盐商中纳、戍兵屯田等的收入来解决。”不久，明廷置云南盐课司，以课税收入补充军费。为了解决军队粮食供应问题，当时能够想得到的获得粮食的办法主要就是民田税粮、官庄田租、土官供输、屯田籽粒等各类土地收入，不论是以钞或粮的形式征收盐课，最终都是为了筹措军粮。

筹设乌撒都指挥使司。在朱元璋看来，据有云南之后最应该关注的就是乌蒙诸部。

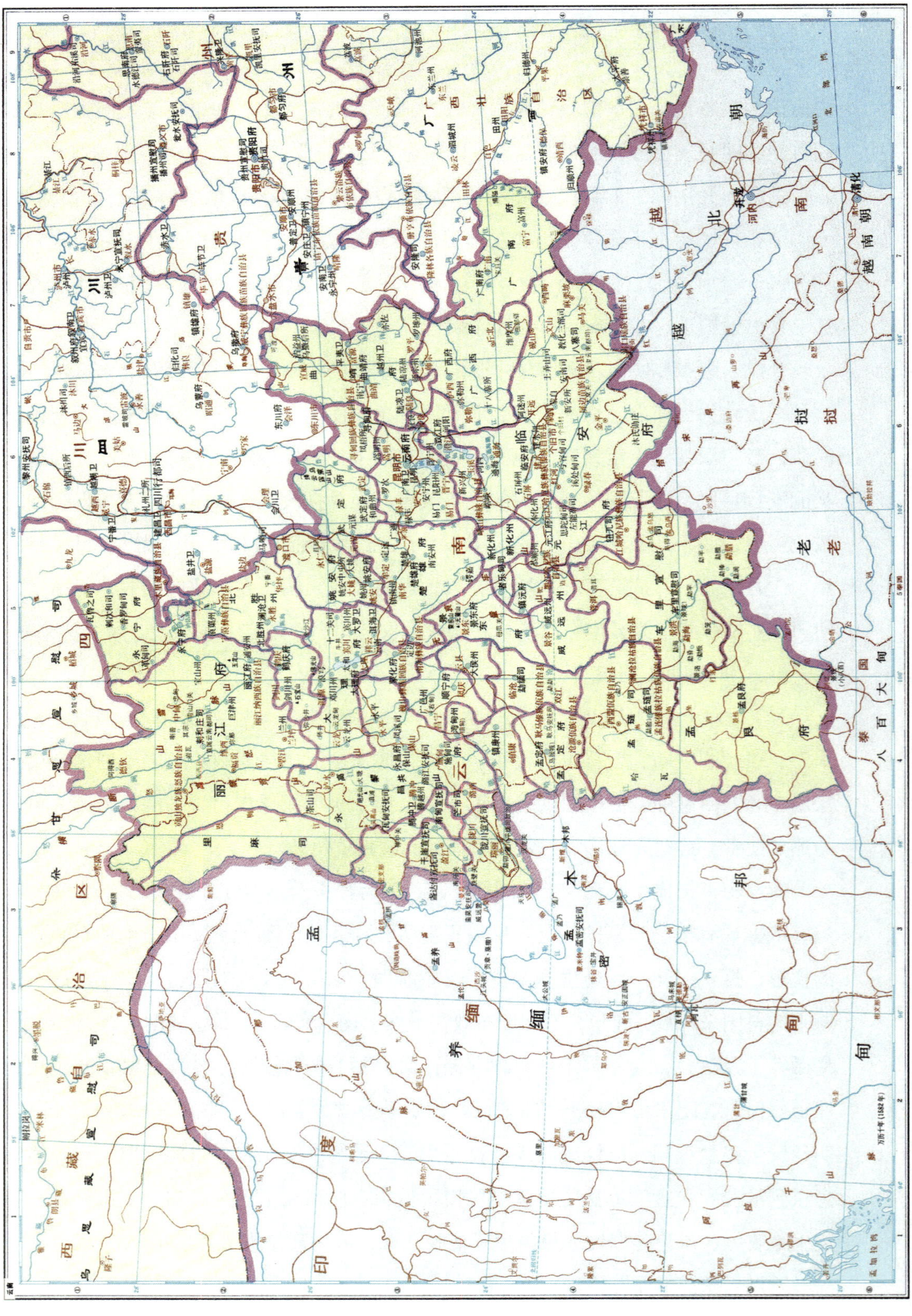

明代云南政区图（图片来自《中国历史地图集》）

一言以蔽之，朱元璋认为“霭翠辈不尽服之，虽有云南亦难守也”，如果不能有效慑服乌蒙诸部，即便攻下云南也守不住。洪武十五年（1382 年）二月初八，朱元璋对傅友德、蓝玉、沐英等说：“现在云南既平，应当将贵州宣慰司霭翠夫妇等悉数送来京师。但是，考虑到大军撤回之后，诸部如果仍然聚集行事，扰乱地方，也非长久之计。现今虽然已经开设贵州都指挥使司，但其地处偏东，如果想要有效控制乌蒙诸部，最好的办法莫过于在乌撒再设一个省级军事机构，姑且称之为‘乌撒都司’吧，只有这样才能更直接地控制贵州（今贵州贵阳一带）、普定、普安、沾益、东川、芒部、乌蒙、永宁、建昌等处。你们认为怎样？看看能否努力实现这一军事目标。”显然，朱元璋的这一设想非常大胆，也能更彻底地遏制乌蒙诸部势力的发展。

除了前述设贵州都指挥使司、云南都指挥使司，设云南布政使司，筹设乌撒都指挥使司，明廷平定云南元梁王、大理段氏之初的主要制度性措施还有开通驿道、开中裕饷。

在指示傅友德等尝试设立乌撒都指挥使司的同时，朱元璋又令水西、乌撒、乌蒙、东川、芒部、沾益等处土司：“今遣人置邮驿通云南，你们应该配合大军根据各处地形开筑道路，路宽十丈，以六十里为一驿，接到命令后抓紧时间实施。”朱元璋此项命令，成为后世广为流传的奢香开辟龙场等九驿的故事背景，也是明代西南途经土司地区的驿道多由土司土民承担马匹、铺陈、饮馔等物资的根由。

同时，朱元璋又以大军征南军粮不继，命户部令商人前往云南以中纳盐粮的方式提供补给，这就是所谓的“开中之法”，即通过商业行为给正在边远地区从事军事行动的大部队提供粮饷。具体的做法是朝廷用售盐资格跟商人交换粮食，即商人给特定地点提供一定数量的粮食，就可以取得贩售相应重量的食盐资格。

边疆地区纳米的凭证相当于食盐运销许可证，商人可以去四川、浙江、淮扬等官办制盐机构采买相应数量的食盐。在物资的陆路运输依靠人挑马驮的时代，本地或随军商人就近采买或就地雇人种植粮食显然更为合算。再就是食盐运销许可证也是可以用于交易的凭证，只要食盐专卖的制度和官方的信用还在，这就不失为一种临时筹措军饷的有效办法。但是，这种相对高昂的兑换价格，于朝廷而言显然并非和平时期的措施，只能是战时状态解决军队粮食问题的应急之法，不会持续推行也难以产生永久性影响。

# 六、乌部经略

洪武十五年（1382 年）二月，明廷正式诏告天下傅友德等已平定云南。正常来说，云南已平，大军应当被撤回，但明廷并没有立即撤兵。除了滇西问题难以解决，乌蒙诸部占据永宁入滇和贵州入滇的道路，朝廷认为军队若不能有效控制乌蒙诸部而保障通滇道路的顺畅，就难以实现对云南的有效治理。

## （一）“溪洞”险阻

在朱元璋看来，“西南夷”地区之所以不能以“中国”之法治之，主要在于“溪洞”地区的人情、地理与“中国”有别。

元末明初的湖广、四川、广西、云南等地区之间存在诸多差异，且其语言、风俗仍与腹里之地有较大差别，整体上仍被明初统治者视为“西南夷”之地。除了对“西南夷”的刻板印象，统治者对该区域的另一个印象就是“溪洞”险阻。

史籍中出现“溪洞”一词甚早，尽管该词所指的地域空间因时代的不同而有一定的差异，但该词含有南方山区意象，且具有指称少数民族的意味则是可以肯定的。对于西南地区，明初统治阶层皆抱有一种浓厚的“溪洞”印象，朱元璋也不例外。朱元璋在有关西南军事、民族的诏令中多次提到“溪洞”一词，其诏令中的“溪洞”，具有荒远、险阻的含义。

元至正二十六年（1366 年），朱元璋部将杨璟等人正与陈友谅残部在辰州一带交战，朱元璋派人跟杨璟说，“溪洞”之地的人倚仗险峻复杂的山地环境，要多用谋略才能攻取他们。他们劫掠内地主要是为了获取财物，并没有长久的政治目标。部队抵达他们据守的山寨后，将之围困起来，他们无法获取粮食，不能生火做饭，造成他们生活困难并且不能出来抢劫财物的局面，他们就会自行溃散。你们攻取城池后就留兵镇守，才能使地方安定，不生事端。

对于当地居民的习性，明朝建立之初的主流看法是他们“民风彪悍”，聚集在一起容易挑起事端，内地乡里自治的一套办法对他们而言并不适用，这些主流看法主张用军事镇压的手段平息事端。在朱元璋西伐陈友谅，东征张士诚，初步掌握“中国”之地，登临帝位之初，他认为当地居民都是爱惜生命的，只要跟他们讲道理，帮助他们提高生活水平而不去干扰他们既有的生活方式，他们就能接受朝廷的统治。有人建议将“溪洞”之民迁往内地，朱元璋则称他们其实是不同的民族杂居在一起的，社会发展水平也跟内地不同，在州县城池和道路要害之处驻军防守，保持威慑之势就可以了，不要轻易动用武力去镇压他们。

从《明实录》等有关记载看，元末明初的“溪洞”之地大体包括湖广西南、两广之间及云贵川山区一带，这些地区地形复杂，山川险阻，多民族杂居。明廷认为要实现对这些地区的有效统治，必须有常态化的国家驻军，以此控制交通，分守要害，但不能轻易动用武力。明初政府经营西南地区，以重兵控制交通要道，设置卫所，坚持且耕且守，正是基于对“溪洞”之地的这种认识。朝廷保持对交通要道的控制，则能在整体上实现对西南地区的统治；而设置卫所，且耕且守，则可以最大限度降低应对地方变乱的行政和军事成本。

## （二）局势反复

洪武十五年（1382 年）二月初四，梁王覆灭已月余，大理及迤西地区仍待明军攻取或降服。朱元璋收到云南捷报，仍要求傅友德等将乌蒙、乌撒、东川、芒部首领及霭翠夫妇送到京师来，想让他们到金陵感受朝廷威仪，真心认同明廷的统治，因为他担心征南军队撤回之后，乌蒙诸部民众仍然阻碍交通，冲击驻军。不久，朱元璋遣使到云南去，将代表朝廷官爵的服饰和文书赐予他们，承认他们的地方治权，同时又收回成命，要傅友德等不必强行要求诸土司赴京朝贡，打算以此缓和朝廷与地方势力之间的对立关系。朱元璋认为，由于民族习性、地理环境等，控制乌蒙诸部并不容易，明军长途跋涉，缺乏地利条件，一定要速战速决，力争永久性解决问题，避免再度用兵。

很快，朱元璋的担心便成为现实。洪武十五年（1382 年）四月，吉安侯陆仲亨派人火速奏报京师：乌撒诸部复叛。朱元璋指示傅友德等道："乌撒部看到官兵分散驻守各地，难以形成合力，因此降而复叛。依我之见，云南几个地方，曲靖、普安、乌撒、建昌，曲靖是云南门户，普安位于湖广及广西通滇要道上，乌撒为四川永宁通滇要道，建昌在成都西南经安宁河谷的要道上，这几个地方必须派兵驻守。至于东川、芒部、乌蒙，没有驻军条件就暂时放一放。"面对乌撒、东川、芒部等诸部的军事行动，傅友德迅速调回驻军大理的沐英，与其合兵进讨以平息诸部的动乱。六月，沐英自大理还军昆明，会合傅友德军进攻乌撒，诸部皆降。而后，朝廷将乌撒、乌蒙、芒部等三个府改隶四川布政使司，同时，增置乌撒卫。明廷先前已经在乌撒筑城，并且在开设贵州都指挥使司之时就已有设置乌撒卫的打算，至此借平乌撒部动乱之机将乌撒卫的设置真正落到实处。

八月，朱元璋谕令分兵驻守普定、安庄一带的安陆侯吴复与驻守贵阳一带的平凉侯费聚等前去与正在跟盘江、关索岭诸部作战的傅友德、蓝玉、沐英等三位征南将军会合，开通关索岭至普定的道路。

九月，在傅友德、沐英等力图打通贵州宣慰司至曲靖一线的驿道时，云南昆明城中由都督冯诚驻守。周边的部落见傅友德、沐英等率大军外出，认为城防虚弱，于是出兵攻城。数日后，沐英带着大部队赶到，与冯诚等合兵追剿各处土军，有效稳定了昆明周边的局势。

普定、乌撒及昆明周边各土司部落的军事力量被陆续平定，明军将注意力再次转向滇西、滇西北地区。洪武十六年（1383 年）三月，随着云南各地战乱平息，朱元璋命长兴侯耿炳文前往云南传达自己的命令，称征南部队现在可以班师回朝了，但具体时间还是由傅友德等依据实际情况自行把握。朱元璋又单独对沐英说："云南虽平，但只怕大军撤回之后又再次动乱，你就留守云南，等地方真正平靖之后，时机成熟再召你回京。"五月，明廷派六安侯王志、安庆侯仇成、凤翔侯张龙等领兵前往云南、寻甸等处，修缮城池，设立屯堡。

洪武十七年（1384 年）三月，傅友德、蓝玉班师回朝。四月，朝廷论平定云南之功，进封傅友德为颍国公，蓝玉、仇成、王弼等人的子孙世袭爵位，封陈桓为普定侯，胡海为东川侯，郭英为武定侯，张翼为鹤庆侯。其他诸将根据功绩大小分别予以不同程度的晋升与赏赐。

概括而言，征南大军初过普定、乌撒，开通楚滇、川滇驿道，平定云南元梁王、大理段氏，建置贵州、云南等都指挥使司与云南布政使司，经历数月大功告成。此后，普定、乌撒、云南及滇西各本土势力又再次发动战争，明军陆续将其平定用时一年，之后朝廷正式下达班师旨意。为做好撤军后的工作，明军开展了以修缮城池、开垦屯田、建设驻军居住点为主的驻军设施建设行动，历时近一年。从洪武十四年（1381 年）九月至洪武十七年（1384 年）三月，前后逾时两年多，洪武时期第一次大规模的征南行动暂告结束。

## （三）驿道通滇

明军从攻占曲靖到占据昆明仅隔旬日。明军以昆明城为中心，分兵降服周边土司势力，同时休整约三个月后，进军大理至攻下城池也仅用数日。但是，大部队整整两年以后才班师回朝，究其原因，主要有两个方面：第一，永久性驻军及驻军的后勤保障并非一时就能完成；第二，交通干线及其主要支线的开通及日常维护需要在军事钳制的基础上建立制度化的保障设施。明军撤回之前要解决两大问题：一个是对交通线的控制，另一个是永久性驻军。撤军的日期一再延后正是明军在为此做准备。

明廷重视西南交通建设，平定明夏后即遣曹国公李文忠整顿四川军务，其工作之一就是整顿驿道交通。朝廷初设贵州卫，考虑该卫应该归属武昌都卫还是成都都卫管辖时，就综合考虑过水陆驿道远近、军情传递和军队调动难易等因素，因而做出贵州卫隶属成都都卫的决定。当时，如果要支持贵州卫的军事行动，部队主要从成都顺江而下至重庆，再由重庆经陆路至播州，由播州至贵州。同时，由湖广辰州府辰溪县西南行至沅州，沅州至思州，思州经黄平至贵州的驿道也保持通畅，是朝廷调遣援军支持贵州卫的第二个选择。

建设西南驿道在明朝平定云南以后被提升到区域控制的战略高度。洪武十四年（1381 年）九月，大军出征云南，湖广至四川长江沿线的水路、施州卫至巫山县的陆路和湖广岳州府至辰州府的陆路，都得以整顿并相应增设了水驿、马驿。洪武

摩崖石刻（吕燕平 摄）

十五年（1382 年）二月，朱元璋谕令水西、乌撒、乌蒙、东川、芒部、沾益等地的土司各自带领本部土民在辖境内开筑道路，以六十里为一驿，接到命令以后即刻执行。此后，开设驿道并保持驿道畅通，为过往官员、贡使提供马匹、铺陈、饮馔、住宿等基本物资保障成为土司及所辖土民的主要义务。同月，增置湖广、四川马驿。湖广为辰州府泸溪县至沅州、思州宣慰司、思南宣慰司沿线，增置船溪、山塘、怀化、罗臼、冰水、晃州、平溪、梅溪、相见等马驿；四川为播州柳塘、地松、上塘和贵州卫平坝、新溪等置马驿。今贵州省黄平县境有上塘镇，福泉市境内有地松镇，平坝驿即后来平坝卫所在地，可见四川当时增设的驿站全部分布在湖广经贵州通往云南的驿道上。

随后，针对乌撒诸部局势的反复，明廷作出的指示就是集中优势兵力优先控制交通线，守住普定、普安、曲靖、乌撒、建昌等地，掌握通滇道路的控制权。六月，明廷数次指示傅友德、吴复、费聚等打通普定经关索岭至普安的交通线，同时，要求留兵数百驻守“水西城”监视贵州宣慰使霭翠的动向。该“水西城”所在地，或认为是清平远州地，即今织金县地。从明初贵阳往西的交通干线及土司势力对普定卫形成的威胁来看，该“水西城”未必会处于明朝征南官军难以控制的“水西”腹地，而在今安顺市西北普定县城一带，也即明末设置定南守御千户所的地方，或更近情理。

七月，朱元璋对在乌蒙诸部设置卫所的问题作出指示，称在东川、乌蒙、芒部等地不必设卫，这一指示实际上是对贵州都指挥使司设置之初，拟同时设置的一批卫所的修订。其最初的设想是在重视交通线的同时，还强调对乌蒙诸部的控制，现在则改变策略，重点强调卫所要沿着通滇驿道交通线设置。沿着交通线开设卫所，城池、驻军与驿道之间相互支撑，能形成合力；否则，分兵散守，深入重山，一旦地方有事，交通阻塞，并非好事。朝廷放弃设置东川等卫的同时，水西卫也被放弃了。当时的卫所设置，还有一个重要原则，即就地取粮，让各地土司组织土民为驻军提供粮食。这是当时卫所尚缺乏屯田条件，征南军队仍能对各土司造成强大军事压力的权宜之计。

洪武十五年（1382 年）八月，在得知蓝玉已驻兵建昌，傅友德、沐英已领军击破乌撒诸部的情况下，朱元璋指示傅友德、沐英等，要勠力打通关索岭道，或者关

十五年（1382 年）二月，朱元璋谕令水西、乌撒、乌蒙、东川、芒部、沾益等地的土司各自带领本部土民在辖境内开筑道路，以六十里为一驿，接到命令以后即刻执行。此后，开设驿道并保持驿道畅通，为过往官员、贡使提供马匹、铺陈、饮馔、住宿等基本物资保障成为土司及所辖土民的主要义务。同月，增置湖广、四川马驿。湖广为辰州府泸溪县至沅州、思州宣慰司、思南宣慰司沿线，增置船溪、山塘、怀化、罗臼、冰水、晃州、平溪、梅溪、相见等马驿；四川为播州柳塘、地松、上塘和贵州卫平坝、新溪等置马驿。今贵州省黄平县境有上塘镇，福泉市境内有地松镇，平坝驿即后来平坝卫所在地，可见四川当时增设的驿站全部分布在湖广经贵州通往云南的驿道上。

随后，针对乌撒诸部局势的反复，明廷作出的指示就是集中优势兵力优先控制交通线，守住普定、普安、曲靖、乌撒、建昌等地，掌握通滇道路的控制权。六月，明廷数次指示傅友德、吴复、费聚等打通普定经关索岭至普安的交通线，同时，要求留兵数百驻守“水西城”监视贵州宣慰使霭翠的动向。该“水西城”所在地，或认为是清平远州地，即今织金县地。从明初贵阳往西的交通干线及土司势力对普定卫形成的威胁来看，该“水西城”未必会处于明朝征南官军难以控制的“水西”腹地，而在今安顺市西北普定县城一带，也即明末设置定南守御千户所的地方，或更近情理。

七月，朱元璋对在乌蒙诸部设置卫所的问题作出指示，称在东川、乌蒙、芒部等地不必设卫，这一指示实际上是对贵州都指挥使司设置之初，拟同时设置的一批卫所的修订。其最初的设想是在重视交通线的同时，还强调对乌蒙诸部的控制，现在则改变策略，重点强调卫所要沿着通滇驿道交通线设置。沿着交通线开设卫所，城池、驻军与驿道之间相互支撑，能形成合力；否则，分兵散守，深入重山，一旦地方有事，交通阻塞，并非好事。朝廷放弃设置东川等卫的同时，水西卫也被放弃了。当时的卫所设置，还有一个重要原则，即就地取粮，让各地土司组织土民为驻军提供粮食。这是当时卫所尚缺乏屯田条件，征南军队仍能对各土司造成强大军事压力的权宜之计。

洪武十五年（1382 年）八月，在得知蓝玉已驻兵建昌，傅友德、沐英已领军击破乌撒诸部的情况下，朱元璋指示傅友德、沐英等，要勠力打通关索岭道，或者关

关索岭古驿道（吕燕平　摄）

索岭西北原来的“古道”，以此保障普定至普安的道路通畅。同时，朱元璋令傅友德等认真考虑在乌撒路沿线增置军卫的可能性，并命令在赤水、毕节、七星关各设置一卫，在今贵州赫章与瓦店之间设置一卫，加上已经开设的乌撒卫，则能够有效控制乌撒路，保障云南道路的畅通。十月，景川侯曹震向朝廷汇报，成都往建昌方向的古驿道修整后可通行。

之后，在建昌、乌撒、普安等地的数条通滇道路皆得以开通，在沿线开设卫所基本得到落实的情况下，朱元璋指示傅友德等重视治理滇西地区，而乌蒙诸部土司也陆续亲赴金陵朝贡，重新建立与明王朝的臣属关系。

# 第二章

# 再征云南

傅友德、蓝玉及沐英等重新取得建昌、乌撒、普安等地通滇道路的控制权，并陆续落实贵州、云南等都指挥使司设置之初拟开设的卫所之后，傅友德、蓝玉撤回大军，班师回朝，独留沐英镇守云南。留守云南的官兵主要来自江西、浙江、湖广、河南、四川等都指挥使司。然而，由于布置在湖广沅州以西至云南驿道沿线的军队力量相对单薄，乌蒙与滇西诸部地方势力仍然对西南边疆的稳定构成威胁，于是明廷组织了再一次的征南行动。

## 一、暂时安靖

傅友德率领的征南大军在平定云南元梁王与大理段氏等两大势力之后，即便已经有撤军返回的想法，但依据实际情况，仍然留驻当地近两年才陆续撤军。尤其在洪武十五年（1382 年）三月至九月之间，大体以云南和乌撒为中心，经历了一波地方势力与明军的拉锯战。最终，乌撒土司实卜发动的战争被迅速平定，并造成数万人的死伤和大量以牲畜为主的财产损失。云南昆明周边的地方势力组建的联军，被傅友德、沐英率领的军队击败。地方势力利用地理优势击退明军以继续保持统治权力的想法破灭，于是重新到都城朝贡，云南地方整体上获得了暂时的安靖。

洪武十七年（1384 年）四月，云南临安一带土司来朝贡马及方物，云南金齿土司段惠、楚雄土司阿星遣土把事及其子弟等来朝，播州宣慰使杨铿来朝贡马。五月，四川永宁宣抚使禄照贡马，思州宣慰使田弘正、思南宣慰使田大雅等向朝廷贡马及方物，散毛沿边安抚使覃野旺之子来朝。七月，会川府土官同知冯成遣永昌府通判朱成朝贡，乌蒙军民府土知府实哲遣其下属来朝贡马，云南车里军民府知府刀砍遣其子刀思拂来朝贡方物。八月，普安军民府土知府适恭遣土把事阿居贡马。同月，平缅宣慰使思伦发遣使献方物、缴前元所授宣慰司印，被明廷视作滇西地区统治秩序巩固的重要表现。据记载，平缅位于大理府西，从元朝开始入贡“中国”，在金齿被明军攻下之后，思伦发有所畏惧，遣使朝贡。于是，明廷改平缅宣慰司为平缅军民宣慰司，仍以思伦发为宣慰使，后又改平缅军民宣慰司为麓川平缅宣慰司。麓川与平缅接壤，元时分置为两路，至思伦发遣使来贡，乃命其兼统麓川之地。

洪武十八年（1385 年）正月，建昌卫指挥使月鲁帖木儿、普定土知府者额来朝贡方物及马三百余匹，贵州宣慰使霭翠上表贡马及方物，金筑安抚使密定遣其弟保珠、普定长河窝各番长官龙昌等来朝贡马。三月，云南所属广南诸府土官侬郎金等来朝，景东府土官俄陶遣其弟奉表贡方物。五月，云南曲靖府越州土司龙海来朝贡马，临安府千户纳速丁等来朝，车里军民府知府刀砍遣土把事来朝贡方物。七月，宣慰使霭翠遣土把事朝贡、云南马龙他郎甸副长官普赐遣土把事来朝贡马。洪武十七年（1384 年）四月至洪武十八年（1385 年）七月，包括贵州宣慰司在内的云南各地土司陆续由自己或派人赴金陵朝贡方物及马匹，朝廷与地方的关系处于相对舒缓的状态。

其中，洪武十八年（1385 年）正月改云南鹤庆府土官知府董赐为云南前卫世袭指挥佥事一事值得注意。此事与洪武六年（1373 年）正月明廷以原八番顺元宣慰司同知萧安礼为贵州卫副千户有相似之处。董赐原为云南府安宁州人，明军平定元梁王势力之后，其率先降明，又跟随明军平息以土司杨苴为首的联合战争，因有功授中顺大夫、鹤庆府世袭知府等职。其子董节也被明廷授予奉训大夫、安宁州知州。此次董赐来朝，视明廷授予的官职为无上荣光，又认为董节年龄太小不能胜任安宁州知州，要求朝廷收回对董节的任命而以自己为安宁州知州。朱元璋对于董赐这种辞去较高职务而选择较低职务的行为表示困惑，于是命令傅友德与大臣商议后再答复。傅友德等商议的结果是董赐必须接受朝廷授予的职位，董节还小可以以后再说。于是，改授董赐为明威将军、云南前卫世袭指挥佥事。朱元璋亲自解释："云南前卫跟你老家安宁州挨得很近，授予你该卫指挥佥事的职务，是为了让你安抚当地居民，保持边疆安定，就不要再推辞了。"

约略从洪武十八年（1385 年）开始，云南各地土官亲自或派遣属官朝贡方物、马匹的情形稍有减少，各地零星用兵的情形增多。

# 二、再度用兵

傅友德等将军率领的征南大军主体撤回原驻卫所之后约一年，思州、五开、靖州等地本土势力陆续发动战争，西堡、平越等地再由傅友德南征平定，麓川的土司思伦发进攻景东一带，拟继续扩大所控制的地盘。在西南局势再次处于失控边缘的时候，明廷调兵遣将再次发起大规模的军事行动，相对于明军平定云南元梁王、大理段氏的征南举措，我们称此为“再征云南”并不为过。

## （一）备战百夷

洪武二十年（1387 年）正月，明廷派遣通政使司经历杨大用带着御赐之物来到云南给景东府知府俄陶。在一年多以前，麓川平缅宣慰使思伦发率众十余万进攻景东府，知府俄陶力战不胜，带着部众逃到大理府的白崖川，明军在都督冯诚带领下帮助抵御思伦发军队，但出师不利并有卫所中级将领阵亡。显然，明廷已经觉察到思伦发扩张的苗头，于是想要继续解决此前没有真正解决的乌蒙与百夷诸部的割据性问题。

同年五月，朱元璋遣使谕令西平侯沐英、吉安侯陆仲亨、平凉侯费聚、南安侯俞通源、四川都指挥使宁正、楚雄卫指挥袁义、大理卫指挥郑祥、品甸卫指挥赖镇、金齿卫指挥李观等，要求他们将注意力放到整治金齿、楚雄、品甸及澜沧江的道路交通、强化防御设施建设等方面。如增高城墙，深挖护城河，巩固营栅，多置火铳等。朱元璋称：“以前云南军中派遣赴百夷的人，贪财短视，不识大体，不顾大局，虚张声势，耍威风，逞勇狠，徒增笑柄。靖江王朱守谦以大理之印颁布命令，于政体礼制皆不合，导致被思伦发轻慢，连累朝廷权威受损。现在，你们要与几年前受封为麓川平缅军民宣慰使的思伦发断绝来往，职贡方物直接谢绝。”

六月，朝廷又遣使谕令金齿卫指挥储杰、严武、李观等：“金齿远在边徼……代表朝廷驻守金齿卫的军事长官，必须品德好，声望高，这样才能震慑该地，抚绥其民。李观原是元梁王统治云南时期的云南右丞，处事宽厚，名播滇西，为诸部民众所爱戴，属下的指挥、千户、百户、镇抚等官，大多是明朝建立过程中身经百战、功勋卓著之人。他们倚仗功劳，行为放肆，不守军纪。因此，我又命令储杰、严武辅助李观。李观的宽厚可以抚绥民众，储杰、严武的严格可以驾驭属下。希望金齿卫各位武官能够统率部下加强训练，守好各自防区，注意思伦发动向，敢有违反军纪的一定严惩不贷。”当时，思伦发等屡次侵占土地，挑起边衅。朱元璋于是令沐英等云南主要军事长官加强战备，又专门针对金齿卫发布指令。同时，朱元璋又派通政使司经历杨大用去云南练兵。杨大用来到云南，沅江等府土官主动要求带兵听调。

闰六月，朱元璋命沐英将因贬谪调充云南各卫的大小武官调去云南最西边的金齿卫分守城邑、营垒，只要能立功的就官复原职。于是，沐英对照武官档案把所有为事充军的各级武官都梳理了一遍，卫指挥职级（包括指挥使、指挥同知、指挥佥事等）以上至流官都督 78 人，卫镇抚 9 人，千户 122 人，所镇抚 63 人，百户 411 人，听征小校 7 人，共 690 人，都在金齿卫一带给他们分配了防区。同月，朝廷又任应天卫指挥佥事谢彦深为前军都督佥事，谢彦深因北征击败乃儿不花升职，旋即从征云南。

八月，朝廷命景川侯曹震选四川精兵进驻云南寻甸，保障曲靖至昆明的驿道畅通的同时，减轻昆明一带防御东川、沾益等部的压力。朝廷又命普定侯陈桓、靖宁侯叶升总制云南诸军，驻守定边、姚安、毕节、曲靖、越州等地，立营屯种，待命开展军事行动。同时，朝廷又派右军都督佥事孙茂前往四川购买耕牛，原因是朝廷想要征讨百夷，必须派官兵先去云南屯田，提前储备军用粮食。还有一项重要命令也得以颁行，就是原京师军士戍守云南者，其家属也要遣送戍地，并由朝廷提供银钱，沿途军卫接续护送。朝廷配置耕牛，遣送家属，为军士扎根云南生活提供了有力保障。

## （二）调兵遣将

明廷在备战百夷、练兵、屯田、充实卫所武官的同时，高级将领和内地各都指挥使司下辖的卫所官兵也被集中调往云南。洪武二十年（1387 年）八月，朱元璋派人命令冯胜、傅友德、蓝玉、王弼、郭英以及曹国公李景隆、申国公邓镇、延安侯唐胜宗、南雄侯赵庸、东川侯胡海、江阴侯吴高、雄武侯周武、永城侯薛显、荥阳侯郑遇春、宣宁侯曹泰、会宁侯张温、永平侯谢成、凤翔侯张龙、怀远侯曹兴、鹤庆侯张翼、六安侯王志之子王威等俱还京师。返回京师的带兵诸侯，除了薛显、张温、谢成、曹兴、张翼等五位，其他都参加了随后针对云南的战略性军事行动，可见此次朱元璋将诸侯从北征纳哈出的前线调回京师，是为征南军事行动做准备。同时，明廷再次命令在云南楚雄府推行“开中之法”。明军初征云南时曾在楚雄、曲靖等府推行“开中之法”，随后因军士屯田、土司供输等措施能够满足军粮开支而放弃，现今又因大量官兵被调入云南，粮饷支用不足而再度推行“开中之法”。

九月，朱元璋命令沐英抽调都督朱铭麾下单身军人在楚雄至景东沿线置营，每百里置一营，由指挥、千户、百户、镇抚等武官统领这些单身军士就地屯种，以防思伦发等侵占疆土。朱元璋又召傅友德还朝，拟要其再任征南将军之职，统率征南大军，同时，命令湖广辰、沅二州与思南、思州二宣慰司，将当年秋粮分别运到沅州至黄平沿途七处驿站储存，每驿各储两千石，以供征南大军沿途食用。

官兵被大规模调往云南也从九月开始。起初，明廷命令从靖州、五开及辰州、沅州等卫亲军中选精锐四万五千人去云南，同时在当地采买耕牛两万头带至云南作屯田之用。但五开等卫本身的编制难以达到四万五千人，并且五开等卫所的防御压力不小，所以被调遣的应该是吴面儿于洪武十八年（1385 年）被械送京师之后，仍留驻当地安抚民众的官兵，他们实际上是朱元璋直接控制的卫所军士。

接着，明廷调湖广官兵五万六千余人，每人赏一定的银钱置备军装。十月，明廷又调陕西、山西官兵五万六千余人赴云南，分别赐予数量不等的银钱；调楚府护卫军六千人赴云南；调陕西土军三万三千人由长兴侯耿炳文率领前往云南屯种，并听从调遣。同时，明廷要求从常德、辰州两地有男丁三人以上的家庭中抽调一人去云南屯田，这种“三丁抽一”的命令，具体执行时受到家庭延续血脉观念的影响，即家庭有适龄男性一至两人者不抽，三至四人者抽一人，五至七人者抽两人，再有更多适龄男性者毕竟为极少数，每个家庭大概抽三人为限。统计前述八月至九月明廷从亲军卫所、楚府护卫、陕西卫所及陕西土军、山西卫所调遣至云南从征的官兵数量已接近二十万人，加上景川侯曹震等率领从四川开赴云南屯田的军队，各地因贬谪前往云南立功的武官和戍守军士，诸如云南、贵州两个都指挥使司所属卫所及四川都指挥使司下辖个别卫所原有的官兵，即便不计入沅江等个别土司自愿组织且听从朝廷调遣的土司军，已在云南以卫所形式编制的官兵和即将抵达云南的官兵，人数总规模大概三十万，大致跟当初傅友德、胡海等率领平定云南的总人数相当。

前述陆续调遣的军队要从原驻卫所开赴云南，朝廷的命令从金陵发出，传达至陕西、山西、湖广、四川各地，而后依照要求抽调卫所官兵，相应白银的调拨，宝钞的印制、运输与派发，军装的准备，沿途驿站的粮储，官员到达云南组织生产或投入战争等，无不需要数月乃至半年的时间。

## （三）东川用兵

随着明廷大规模调军开赴云南，一些中小势力的土司选择纳粮换取暂时的安定。洪武二十年（1387 年）十一月，普安卫军民指挥使周骥称古州十二处长官司有部民九千二百余户愿纳秋粮八千九百余石，每户纳粮近一石。户部将纳粮数登记在官方册籍中，不过，这个纳粮数字明显偏高，或只是一时之数，随后或有大幅度调减。平越卫也称招降各处长官司民八千三百余户，每年纳粮近七百石，也要求在户部册籍中登记。见于记载的平越卫所领杨义长官司纳粮数与此相近。同月，朱元璋又命普定侯陈桓、靖宁侯叶升至云南总制诸军，在云南定边、姚安等地立营屯种，旋又命陈桓等领兵在毕节等卫屯田，并在农耕之暇待命从征。同时，户部招募商人，在毕节卫实行“纳米中盐”政策。

洪武二十一年（1388 年）二月，陕西都指挥同知马烨率西安等卫官兵三万三千人来到乌撒、永宁等乌蒙诸部一带。同月，普定侯陈桓、靖宁侯叶升等向朝廷奏报已完成禄肇堡的修筑。起初，明廷命指挥李焕、李隆等率毕节等卫兵卒控扼芒部道路，在陈桓、叶升调遣下组织屯田，分兵戍守，根据具体情况自行决定是否采取相应的军事行动，并指示如果粮饷不继，可以就近让禄肇、芒部等地的土司提供。洪武二十年（1387 年）十一月的时候，陈桓等领兵在毕节等卫屯田，因担心耕牛、粮

安顺民间“十八指挥定黔阳”传说塑像（吕燕平　摄）

食不够，朝廷命军队先在禄肇卫、永宁卫控制的地盘暂时驻守。实际上，陈桓所率军队已经深入乌撒东南地区，当地为高寒之地，粮饷问题难以解决，尽管小麦等已经下种，他仍放弃了继续屯田的打算，带领军队前往气候湿热的叙永、古蔺一带。之后，明廷命令建昌府土官师克出兵东川、芒部及赤水河一带作战，又从国库拨款，命令武定、会川、德昌等府从当地买马三千匹。

洪武二十一年（1388）年四月，陈桓等率军进驻毕节，根据地理情形，以每卫两万人为一营的编制，砍伐道路两侧树林，焚烧杂草，在有水田的地方耕种生产，并与沐英的军队彼此声援。显然，明廷此时的注意力在于打通自四川泸州、永宁经毕节、乌撒、沾益、曲靖至昆明的乌撒路。

六月，沐英向朝廷汇报云南前卫指挥张因征讨思伦发的战功，顺便也汇报了当时云南的局势和自己的建议。洪武二十年（1387 年）八、九月间，朝廷陆续调二十余万人开赴云南，由普定侯陈桓、靖宁侯叶升总制诸军。在陈桓等尚未到任的时候，沐英担心错过时机，命长子沐春先去赤水河察看军队情况。同时，沐英向朝廷奏报称："思伦发在滇西地区扩张势力，想要彻底平定百夷势力，必须从云南现有的数十万屯驻兵力中调选精兵十万，绕过哀牢山进军景东及镇沅、威远等地，而观兵于澜沧江岸。届时，百夷诸部必率众支援思伦发，乘机决战，必收成效。现在，东川、越州、罗雄、把哲等乌蒙诸部，仍然对四川至云南的乌撒驿道和普安至云南的普安驿道形成威胁，必须合力剿捕，一则解决军队粮饷，二则威慑当地，使其不敢利用明年春耕之际袭扰屯田军队。平定乌蒙诸部以后，再大举进兵平定百夷。"因此，在思伦发遭受明军数万骑兵严重打击的前提下，针对占据乌撒路的东川部，沐英建议用兵。明廷采纳了建议，命傅友德为征南将军，沐英为左副将军，陈桓为右副将军，曹震、叶升为参将，率诸军进讨东川。

七月，朱元璋派人告诉傅友德等称："东川、芒部诸部虽然各有区别，但都源出罗罗，同种同宗，其后子姓繁衍，遂各立疆场，称东川、乌撒、乌蒙、芒部、禄肇、水西等部。最近，东川诸部有的叛迹已著，有的表面顺服，虽不可横加揣测，但也必须严加防范，以免被偷袭而遭受损失。如今，你让诸部民众绑缚东川叛众送交军前，也要防范他们借机窥探我军虚实，切勿轻信他们。诸彝部山势险峻，道路崎岖，林箐深邃，最稳妥的办法还是驻兵屯种，伺机而动。现在，我军进讨东川，相邻的乌撒、

建昌古道路段（马恒健　提供）

越州卫城今貌（吕燕平　摄）

芒部等部表面顺从，但不能委以心腹之任，越州土司龙海尤其狡诈，水西可能暗通消息，都要严加防范，做到有备无患。”

八月，沐英遣都督宁正跟随傅友德进讨东川，景川侯曹震、靖宁侯叶升等也各自领兵进入东川开展军事行动。十月，东川平定。

## （四）越州之役

今云南省曲靖市的越州镇为南盘江流经之地，明代此地紧邻乌撒道与普安道的交会地带，这样的地理交通条件对于明廷而言，是屯田、驻军的不二之选。

傅友德等率征南大军平定云南元梁王之时，曾驻军汤池山。元云南行省曲靖路越州土司龙海跟其他大多数当地土司一样，迫于明军势力大，投降明军并让儿子阿资赴京师朝贡。明廷同意让龙海继续担任越州知州。随后，作为苦麻部首领的龙海与其他乌蒙各部，认为明军分驻各地难以形成合兵之势，因此借机进攻明军。沐英设计擒获龙海，然后将其押送至京师。明廷决定将龙海迁徙到辽东，结果到辽东盖州的时候他就病死了，其职务则由其子阿资继承。

洪武二十年（1387 年）十二月，明廷命陈桓、叶升率湖广都指挥使司下辖诸军驻守普安，又命部分军士到曲靖、越州一带的南盘江上游河谷平坦之地屯田，那里的农业条件相对较好。同时，朝廷命令云南布政使司拿出二十万两白银分配给各府州县购买粮食，以作军需。当时，越州土官阿资正随云南、湖广等各地一众土官来到金陵贡马及方物。考虑到当时的信息传递技术，驻军、屯田之举的落实应该已经是第二年春季了。

洪武二十一年（1388 年）九月，越州土司阿资与罗雄州营长发束等叛，明廷命沐英会同傅友德领兵讨之。洪武二十二年（1389 年）正月，阿资率军西撤，驻扎于悬崖之畔。傅友德以精兵紧逼，阿资逃回越州。继适恭之后接任普安府知府的土官普旦见明军势盛，向傅友德投降。二月，沐英又派都督宁正跟随傅友德到越州追击阿资，见明军追捕得紧，阿资无处逃遁，再次请降，越州暂时被平定。

# 三、且屯且守

“屯”字之义，一为军队驻扎，一为军队垦田。军队驻扎未必垦田，而军队垦田必定驻扎其地。明清设置卫所必讲屯政，即屯田之法。朱元璋崛起之初，以“高筑墙，广积粮，缓称王”为发展自身势力的根本方略，其中“广积粮”的办法主要就是组织军队屯田。早在元至正二十三年（1363年）二月，朱元璋就申明将士屯田之令，表彰时任金吾侍卫亲军都护康茂才的屯田业绩，说明当时已经摸索出一套行之有效的军队屯田之法。后来，明廷相继平定占据川蜀的明夏政权和云南元梁王及大理段氏等势力，随即广置卫所以实现对各地的永久性控制。为减轻当地民众的军粮负担，尽可能实现卫所军粮自给，在部落林立的云南各地增置卫所、推行屯田之政，势在必行。

## （一）卫所的限度

洪武十五年（1382年），明廷在贵州和云南陆续开设都指挥使司。朝廷又先后设置了云南左、云南右、云南前、云南后、普定、黄平、建昌、东川、乌撒、普安、水西、乌蒙、芒部、尾洒等卫指挥使司。显然，贵州都指挥使司是为控制入滇通道而设，云南都指挥使司是为控制昆明及周边地方而设。但是，在这两个都指挥使司之下，一口气设置十四个卫是非常困难的。

首先，设置卫所涉及制度成本。内地已经成功建置的卫所，其指挥使、指挥同知、指挥佥事、千户、百户等武职有定数，每个卫所的旗军也有定数，与武官档案和旗军册籍相对应。卫所武官由其子弟乃至堂亲、族亲侄辈作为武职承袭的候选人，卫所旗军等服役者也在原籍州县有相应的正贴军户做保障。因此，朝廷每次开设卫所都是作为永久性的军事设施来设置的，不仅有相应的屯田土地作为经济保障，还有相应的户籍制度与保障户籍的簿册系统。简而言之，卫所是有必要才开设的，并且一旦成功开设就不会轻易撤销或迁徙。

其次，设置卫所涉及设施成本。卫所应当有相应的城池，分配相应的屯田土地，调配相应的官员和旗军，其中人员的安排问题又是最困难的。在战时状态，以卫所的形式临时编制一支部队并不难，难的是永久性开设卫所。在边疆地区开设卫所最简单的方式就是整体搬迁已经设置的内地卫所，但这样做无疑又会严重削弱原卫所所在地方的军事防御力量。还有一种折中的办法，就是从已经开设的内地卫所中抽调武官和旗军组建新的卫所。从已开设的每个卫抽调半个至一个千户所的兵力，这样抽调五至十个卫的部分武官与旗军可以组建一个新的卫，抽调一个或数个卫的部分兵力可以组建一个新的守御千户所。

以上想要表达的意思是，大规模设置卫所需要契机和条件，其最主要的问题是旗军从哪里来，而拆分已设卫所的部分兵力组建新的卫所，这种办法只适用于局部

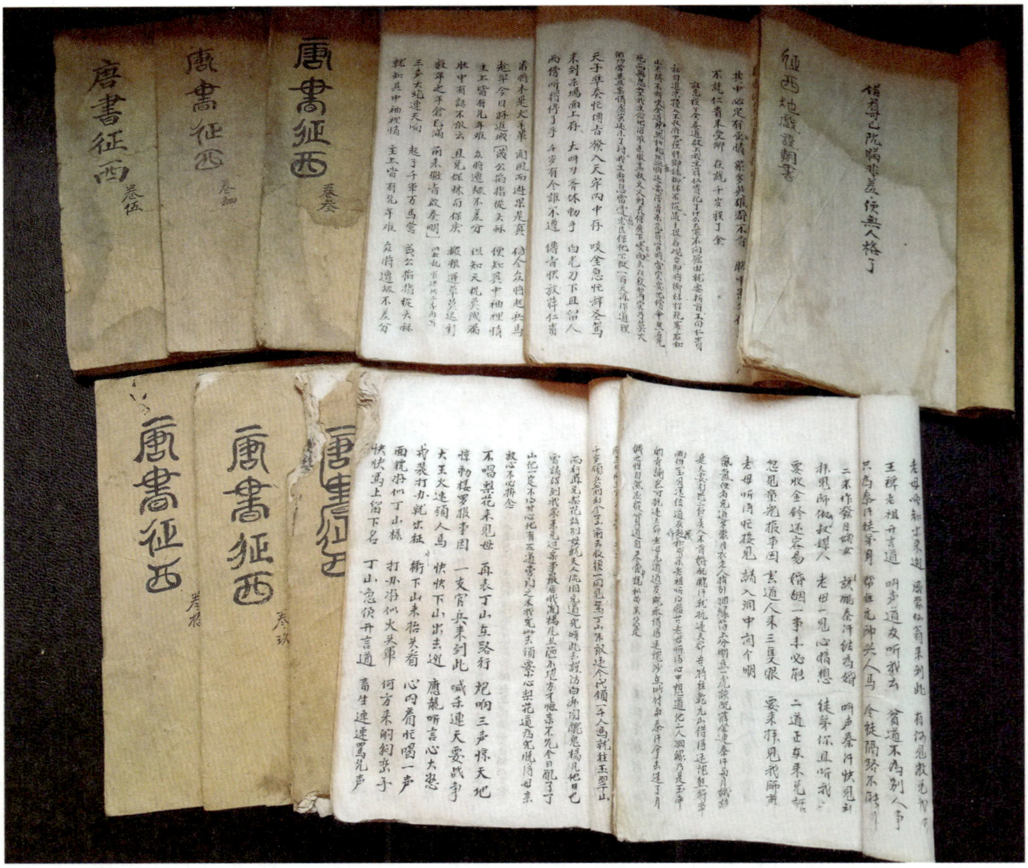

屯堡唱本（吕燕平　摄）

地区个别卫所的设置。傅友德率领的三十万征南大军是从亲军卫、五军都督府直辖卫以及湖广、江西、浙江、河南等各地都指挥使司所属卫所抽调而来，原则上这些卫所的武官和旗军都要在战争结束以后回到各自原来所在的卫所去。如果要将这些抽调而来的征南军队转化为云南各地卫所的永久性驻军，也只能在一定限度内实现，这个比例大概占总兵力的五分之一，超过一定限度就会影响原设卫所地区的军事体制与编制规模。

洪武十五年（1382年）正月，明廷在开设贵州都指挥使司、云南都指挥使司前后，设置了云南左、云南右、云南前、云南后等卫指挥使司，这些应该只是征南背景下第一批拟定优先设置的卫，或者说按照卫的编制对相当部分的征南军队进行整编。据记载，当月，宣德侯金朝兴已经进驻云南临安，乘势革去元临安府与临安卫。二月，朱元璋出于控扼乌蒙诸部的考虑，指示傅友德考虑在实卜所处的乌撒一带设置都指挥使司之类的省级军事机构。闰二月，明廷改黄平卫为黄平守御千户所，改平越守御千户所为平越卫，又置楚雄卫，并以羽林右卫指挥同知袁义为指挥使，改曲靖千户所为曲靖军民指挥使司。三月，明廷置普定军民指挥使司与大理卫指挥使司。当时，傅友德因军粮不足督促云南布政使司核实云南、临安、楚雄、曲靖、普安、普定、乌撒等卫及沾益、盘江等千户所现储粮数量，得到汇报称以上地区现储粮数量只有十八万二千石，以每卫每年消耗粮食七万石计，储粮甚至不够三个卫食用一年，这既说明征南部队粮储不足，也表明控制区域及交通线是卫所设置时优先考虑的因素。在洪武十五年（1382年）前四个月，明廷关于卫所设置主要有两个考量，一个是以滇池为中心开设云南左、云南右、云南前、云南后等卫，另一个是通过设置卫所实现对乌蒙诸部的总体控制，而在具体操作过程中，以滇池为中心的卫所设置又拓展到临安、曲靖及楚雄、大理一带。

针对乌蒙诸部设置的一众卫所，明廷的设想是在每一个大的部族周边设置一卫，在势力稍小的部族周边或重要江河流域则设置千户所守御。但是，随着乌蒙诸部再次发生动乱，这种控扼诸部的置卫思路向控制“乌撒道”和“普安道”转变。洪武十五年（1382年）七月，朱元璋派人指示安陆侯吴复、平凉侯费聚紧急调出水西卫军，只留一千或四五百人驻守当地。八月，朱元璋宽宥靖州卫指挥佥事庞虎等人，调临安、沾益等卫守御，说明当时已开设沾益卫。同时，朱元璋指示傅友德：“在军队获取粮饷有困难的时候，不应该把军队分散开来，孤军乏粮，更容易遭到袭扰导致覆灭，在赤水、毕节、七星关各置一卫，在赫章之南与瓦店之北的中间置一卫，重点防守四川通往云南的乌撒道即可。”

洪武十六年（1383 年）二月，傅友德遣人送前元云南右丞观音保等至京献马，故以观音保为金齿卫指挥使，并赐姓名李观。该卫置于永昌府，又称永昌卫。洪武十七年（1384 年）二月，明廷置毕节卫指挥使司，改平越卫为军民指挥使司。

在傅友德等率军平定云南元梁王至其班师回朝的两年多时间，云南及贵州地区正常开设的应该有云南左、云南右、云南前、云南后、普定、建昌、乌撒、普安、临安、平越、楚雄、曲靖、大理等卫。至于首批开设的黄平、东川、水西、乌蒙、芒部、尾洒等卫，黄平卫以黄平守御千户所为基础设置，设置不久后又降为守御千户所，而邻近的平越守御千户所升格为平越卫；东川、水西、乌蒙、芒部等卫，以其深入乌蒙诸部，地非冲要，旋设旋废；地居冲要的尾洒卫，最初并未成功开设，数年以后明廷再次征南时，才由指挥张麟带领来自湖广宝庆府的邵阳、新化、武冈等州县的数千垛集军组建，并更名安南卫。此外，还有沾益州地方也曾设有卫所，最初应设置有沾益所，后升为卫，又于洪武十七年（1384 年）七月降为千户所，最后大约在洪武二十五年（1392 年）前废除。至于盘江之地设置的千户所，考虑到洪武十五年（1382 年）六月朱元璋对安陆侯吴复、平凉侯费聚的指示中将盘江与关索岭并列，其地理位置在当时拟定要开设却尚未成功设置的尾洒卫之东，即今贵州关岭、晴隆两县交界的北盘江边。该千户所跟后来的关岭所有相似之处，即附近难以屯田，千户所因此设而旋废。

大体说来，在傅友德等平定云南元梁王等势力后，其初步建立军事与民政的省级统治机构的约两年半的时间里，大概成功设置上述的十三个卫，每个卫按照标准编制官兵五千六百名计算，总兵力约有七万二千八百人，占三十万大军的比重为 24%，约有四分之一的官兵留驻洪武时期的云南之地，符合前文所述抽调已设卫所的官兵设置新的卫所时，大概要以原卫所兵力的五分之一为限的要求。这一时期在云南之地设置的卫所，其官兵主要来自对内地已设卫所兵力的抽调，还有一部分是受朝廷贬谪之徒、恩军等。

## （二）军队的粮饷

朱元璋要控制滇黔，势必要在当地大力推行卫所制度。他以“高筑墙，广积粮，缓称王”为基本发展战略，在“广积粮”方面，组织屯田是重要的举措。

明初屯田主要有军屯、民屯、商屯等三种形式：组织历经战乱后的百姓种田是为民屯，组织军队在战争之余耕种或军队的部分成员以农业生产为主要职能是为军屯，在特定时空里等不及地里长出粮食，朝廷以对应重量的食盐运销资格兑换粮食是为商屯。实施民屯有赖于战乱时期百姓无法依靠家庭或社区的力量组织并保障生产活动顺利实施的社会环境，商屯因其与国家的食盐专卖制度紧密挂钩也只能在局部地区作为战时应急措施推行，只有军屯具有长期推行的可能性。军屯尤为朱元璋所重视，在朱元璋看来，“兴国之本，在于强兵足食”，如果军队粮饷都要靠百姓提供的话，会加重百姓负担。既要军队有粮食，又不能完全依靠百姓提供，当时能想到最简便易行的方式莫过于组织军队屯田。

明廷设立贵州卫并不强调屯田。平定明夏政权以后，朝廷设永宁卫临近乌蒙诸部，设贵州卫于水西、水东和八番等三大土司集群交会之地，又设黄平守御千户所以控御湖广通往贵州宣慰司地界的交通线。当时，贵州卫每年需要军粮七万余石，主要依靠播州宣慰司、贵州宣慰司及普定府、八番系中小土司输纳，重庆府转运与贵州本地实行“纳米中盐”制度等三种办法解决。以每名军士每月消耗粮食一石计，大概有军士五千八百人，考虑到卫指挥、千户、百户每月消耗粮食超过一石之数，该卫人员规模大致与一个常规编制的卫相当，即五千六百人左右。

当时，各地置卫所多强调屯田赡军，但贵州卫似乎缺乏在驻地及附近充分屯田的条件。首先，当地缺乏大规模圈占耕地的客观条件。元末明初，云南、贵州一带较少经历战乱，虽然明夏政权曾经三路袭滇，然战事持续时间短，用兵规模有限，至于蛇节、宋隆济起兵抗元等较大规模的战事也已经过去七十多年。相比较而言，长江中下游各行省之地，因屡经战乱而存在大量无主荒地，使得卫所圈占土地的社会成本较低。长期相对和平的社会环境下，土地或为本地居民耕种畜牧，或已经置于大小土司的直接管理之下，处于三大土司集群接合部的贵州卫想要直接圈占土地，势必激起土司与当地居民的反抗。

其次，当时的贵州卫并不迫切需要圈占土地用于军屯。早期贵州卫主要依靠重庆转输、开中盐法和土司供输等三种方式解决军粮问题，其中给贵州卫供给粮食的土司包括播州宣慰司，还有以贵州宣慰司为代表的水西、水东与八番等三大土司集群中的一众大小土司，相当于今天的大半个贵州供给一支五六千人的部队。贵州卫经常性的军事行动是为维护明朝所认定的边疆统治秩序而展开的，主要针对地方势力袭扰交通线、不服从土司治理与拒绝供输粮饷等行为。概言之，早期的贵州卫因为大小土司及地方村寨相对较低的输粮数额与自身一定限度的军事威慑力，既不能也不需要将圈占土地屯田作为解决军饷的主要方式。

洪武十五年（1382 年），明廷平定云南之初，解决军队粮饷的主要方式是“资粮于敌”。明廷组织大军出征云南，提前在军队行经的各个驿站储备粮食三千石，其实只够军队经过之时食用。因此，朱元璋最为担心的并非军队战斗力，而是吃饭问题。在他看来，如果解决不了军队吃饭问题，大军平定元梁王势力以后就可以撤军了。如果能够解决粮饷问题，大军暂时就不用撤回了，要更加深入地建立地方统治秩序。平灭梁王势力之后，明廷随即设置的贵州都指挥使司、云南都指挥使司与云南布政使司，就是依托征南大军而迅速实现的，其前提就是大军能够就地解决吃饭问题。

当时，元梁王已灭，朱元璋要求留下江西、浙江、湖广、河南、四川等都指挥使司的官兵驻守云南，要求傅友德去了解元朝是怎么在云南驻军的，每年的开支是多少，又是怎样征收税粮及摊派徭役的。在朱元璋看来，元朝驻军统治云南的做法是明朝要参考的。傅友德到了云南以后，想要借鉴元朝的做法，却发现当地已经是图籍不存、兵数无考，一切只能从头再来。首先是在要害之地设置卫所，这是有效统治云南的前提。关于税粮，要从清理当地僧、道、豪右隐占的田地开始，清理出来的田地仍然沿用元代的办法征收税粮。依据傅友德的意见，军粮问题主要以“五途并举”的方式解决，依次是云南各府州县税粮、各地官田和寺院田等田租收入、土官供输、盐商中纳、戍兵屯田。税粮、田租有相对的定额，土官供输也可以朝定额化方向发展，盐商中纳多是临时性应急措施，戍兵屯田需要相对长的时间来实现。

洪武十五年（1382 年）三、四月间，乌蒙诸部动乱与他们对明朝军事行动的接受程度和对明军处境的判断有关。一方面，明军的活动强度超出他们的预期，平灭云南元梁王势力是他们可以接受的，但进一步强化对他们的统治则难以接受；另一方面，他们认为明军分兵驻守，兵力分散，粮饷不继，正是打击明军的最佳时机。当时，朱元璋得知盘江道路仍然被阻断，军队缺粮，要求将水西城、普定城的驻军减少到最低限度，傅友德与沐英率领军队合力急攻乌撒诸部，就地取粮以供军需，通过以攻为守的方式避免造成士卒饥困的被动局面。至冬季，乌蒙诸部动乱大体已被平定，朱元璋再度指示守滇方略，谓云南地势，以守临安、楚雄、大理、曲靖、普安、乌撒、建昌等处为要，临安等地为滇中要害，普安等地位于四川、湖广通往云南的三条主要交通线上。现在大军聚集，要抓紧修理道路，遇水则架桥，水浅则叠石，务求驿道通畅。乌撒、东川、芒部之地，也要修理道路。至于各部土司，要令所属部落民众按要求纳粮作为官军粮饷。乌蒙诸部的动乱再次被平息之后，明军征南的行动重点转变为修理驿道，尤其是修整永宁卫经乌撒至曲靖通往昆明的驿道。

大概而言，明廷前期军饷主要靠州县民力解运，边疆之地税粮、田租等虽稳定，但终究数量有限，土司供输也不是常态化制度，必须以强势的军事威慑为前提。综合来看，地方渐渐稳定之后，卫所屯田终于被提上议事日程，并随着部分官兵留戍当地而取得初步进展。

## （三）屯田的展开

相较而言，戍兵屯田是边疆地区满足军需的有效方式之一。傅友德、蓝玉、沐英所率领的征南大军在平灭梁王与大理段氏等两大主要地方势力之后，又陆续经过半年左右针对乌蒙诸部的战争，然后就地向诸部土司征粮，并动用军队大规模修理驿道。在明军再度平息战乱、修治驿道并分兵驻守控制要害路段之后，留驻于新设置的各卫所的官兵才初步有了屯田的条件——有相当数量的战后抛荒之地，或通过强大的军事实力对豪强土地进行圈占，以获取适宜耕种的土地。

洪武十六年（1383 年）六月，朝廷命六安侯王志、安庆侯仇成、凤翔侯张龙等督兵前往云南大理一带修缮城池、建立屯堡、设置邮传、安辑民众。至此，明初滇黔的“屯堡”概念被明确提出，标志着傅友德之前提出的戍兵屯田以纾解军饷的策略逐步向永久性制度转变。戍兵屯田可以是临时性措施，但“屯堡”则属于永久性设施，它以基层社区的形态将“屯”的生产职能与“堡”的防御功能结合起来，使边疆地区的军事卫所沉淀到基层社会成为可能。

傅友德在云南、贵州等地组织屯田，迫于当时军事形势和控制交通要道的经略思路，当时的卫所更多具有临时军事编制的性质，其屯田也还处于起步阶段，卫所及卫所屯田的稳定发展仍需一段时间来逐步推进和完善。

洪武十八年（1385 年）五月，沔阳卫指挥佥事潘进任云南右卫指挥同知。潘进原是和州人，渡江归附，累功升任沔阳卫指挥佥事。潘进在云南任职期间，重视屯田，做到了军队不缺粮食，军事没有废弛。屯田的业绩是其由指挥佥事升任指挥同知的原因。

洪武十九年（1386 年）正月，云南置洱海卫，以赖镇为指挥佥事。洱海原属大理府，兵燹之后民众流亡，室庐废弃，土地抛荒。赖镇领兵来到当地，修建城池，建钟楼、鼓楼、房屋，创建卫城。同时，他还组织乡民屯田，修筑沟渠，重视治安，开凿盐井制取食盐，收取盐税，稳定统治秩序的同时恢复了地方经济。随着征南战争的进行，部分将领带兵留戍当地，逐步展开了永久性军政设施建设，屯田在此背景下逐步推动。

同年八月，沐英向朝廷建议，称云南荒芜田地甚多，应该设置屯堡，令军士耕种。朱元璋肯定了沐英重视屯田的想法，同时也认为在边疆地区组织屯田有相当程度的困难。首先，当地的土地多属生荒地，草木丛杂，遮蔽日光，这样的土地条件开垦起来非常耗费劳力，应该暂缓征收田租赋税，鼓励军民垦荒，等数年以后荒田变为熟田，再按规定数额征粮。十二月，湖广都指挥使司奏请转运粮食给施州、崇山、大庸、五开、黄平、平越等卫所，朱元璋认为崇山、大庸等卫开展屯田已有多年，粮食应该能够满足军用，因此，除了施州卫允许州县转运粮食以补其不足，其他五开等卫仍然由军队屯田自给。

崇山卫设置于洪武十一年（1378 年）十二月，早期实行“纳米中盐”政策兑取军粮。洪武十三年（1380 年）三月，朝廷命令指挥佥事杨仲名督促将士屯田，此时屯田政策已实行了六七年，但驻地军队仍然不能实现粮食自给。大庸卫设置于洪武九年（1376 年）四月，系罢澧州千户所而置卫。大庸所在地最初是湖广澧州储粮之地，

安顺市屯堡社区的传统农耕（吴忠贤　摄）

大庸卫自设置之后，便开始屯田，至此近十年仍不敷食用。至于黄平、平越等卫所，最初设置的都是守御千户所，其后傅友德等率军征南，或升格为卫，或又降格为所，军队屯田大概都以征南为契机得以展开。

洪武二十年（1387 年）三月，湖广五开卫再次奏请军饷不敷，朝廷命令从长沙府转运粮食两万石，这两万石的粮食大概够一个半的千户所管辖的旗军食用一年。当时的五开卫下辖有十余个千户所。五月，户部左侍郎杨靖汇报军粮储备情况，称四川粮储不敷食用，尤其是云南的军粮储备缺口较大，建议再次实行“纳米中盐”制度。

八月，在朝廷大力强化云南军备，陆续从亲军部队及各省都指挥使司调遣军队准备大举用兵百夷及乌蒙诸部的背景下，云南各地军队屯田的力度空前加大。朝廷先派遣右军都督佥事孙茂前往四川购买一万头耕牛，让军队前往云南屯田以储备粮食，又命令景川侯曹震及四川都指挥使司挑选精兵二万五千人携带武器和农具前往云南大理品甸一带屯种。同时，云南楚雄也恢复开中纳粮的措施，虽然朝廷原本是要求楚雄卫将士屯田自给的，但为了给即将到来的战争储备粮食，仍继续推行开中之法。在此前一年，洱海卫已经在品甸设立，屯田政策随着卫所的设置已经在推行。

九月，沐英组织都督朱铭麾下的单身军士置营屯种，从楚雄至景东每隔一百里置一营，守边的同时储备粮食，以此为征讨做准备。同时，湖广都指挥使司奏报称，已购买到两万头耕牛，要求当时暂时驻守靖州、五开、辰州、沅州等卫的军士带着耕牛前去云南屯种，这样就不需要另外组织百姓去送耕牛。

十月，朝廷命令常德、辰州两地有三丁以上的家庭出一丁前往云南屯田，这些被抽调的民丁，最后都编入卫所，成为平夷卫等开展军田的主体力量。同时，朝廷又要求从陕西调土军三万三千人赴云南屯田。

十一月，朝廷命普定侯陈桓、靖宁侯叶升前往云南总制诸军，于定边、姚安等地立营屯田。不久，朝廷又命陈桓等领兵在毕节等卫屯田，令沐英等自永宁至大理设置军堡，每六十里设一堡，置军屯田，兼驿传之职。

洪武二十一年（1388 年）二月，朝廷从陕西等地调遣至云南的军士陆续到达目的地。陈桓等组织军队在普安道与乌撒道沿途屯田，其带领的军队从平越卫麻哈长官司领地到永宁卫近旁的永宁宣抚司领地，都尝试过屯田。九月，朱元璋再次强调

洱海卫镇阳门（罗勇　摄）

军队粮食需求不能全靠百姓转运，军队必须屯田自给。

十一月，南安侯俞通源奏报云南新近归附的官民、军士及田亩、粮食、马匹、耕牛之数：都指挥使司所属官员计一千三百余人，军士六万四千余人，马三千五百匹，牛约一万三千头，田四十三万余亩，粮三十三万六千余石；布政使司所属军民六万三千余户，粮七万六千余石，马约一千匹。俞通源汇报的牛、田、粮之数，是当时卫所屯田的成果。当时，各路征南大军并未回撤，云南布政使司及贵州都指挥使司所控制区域应有军队三十万人左右，俞通源汇报的军士六万四千余人应该是编入云南左卫等当地卫所的旗军。依靠军队在当地种田远不能满足需求，于是朝廷又派人去思南宣慰司籴粮供应征南将士，并让湖广布政使司储粮四十万石作为征南将士的粮饷。

洪武二十二年（1389 年）二月，朱元璋认为四川民贫路险，粮食运输困难，于是命毕节卫屯田自给，又因四川粮饷供给云南，拖累百姓甚苦，要求停发蜀王的粮饷，为期五年。四月，在征南大军已经分别撤往湖广、四川各地练兵的情况下，贵州都指挥使司仍上奏称赤水、层台两个卫的军饷不够，要求四川运粮接济，时任户部尚书的杨靖建议实行开中之法筹粮，令商人运粮到卫所，用淮盐、浙盐给予补偿。杨靖之所以如此建议，是考虑到征南大军已经陆续撤走，相信当地卫所驻军接下来能够依靠自身屯田解决粮饷问题。

## （四）卫所设置的高潮

洪武二十二年（1389 年）二月，朱元璋命蓝玉前往四川修理城池，整练军马，都指挥使司下辖的卫所将士悉听节制。三月，朱元璋命刚刚迫降越州阿资的傅友德等自云南撤军，分驻湖广、四川各卫所操练。朱元璋将北征返朝的蓝玉调往四川整顿军备，又命傅友德等高级将领撤军，标志着明廷再征云南的战略性军事行动基本结束。以再征云南为契机，云南及贵州各地再次掀起设置卫所的高潮。此次卫所建置高潮与再征云南的军事进程紧密关联，大概设站堡军堡在先，千户所次之，大军撤到湖广、四川各卫所练兵之后才沿驿道大量建置卫所。

在洪武二十年（1387 年）八月至九月间，朝廷陆续发布调军征南的命令。同年十二月，朝廷要求沐英自四川永宁至云南大理每六十里设一堡，安排军士屯田的同时，以之往来递送替代驿站。于是，朝廷命自曲靖火忽都至云南前卫易龙设五堡，自易龙至云南右卫黑林子设三堡，自黑林子至楚雄禄丰设四堡，自禄丰至洱海卫普淜设七堡，自普淜至大理赵州设二堡，自赵州至德胜关设二堡。从曲靖至大理设置的站堡，为当时及后来的人员往来提供了极大便利。

洪武二十一年（1388 年）二月，陈桓、叶升等向朝廷奏报禄肇堡修筑完毕，该堡是四川永宁通滇之乌撒路上屯田驻军的重要据点。十一月，傅友德等率兵讨阿资，经过平夷一个叫鲁勒旧的地方，见那里地势险要又紧挨越州，于是命神策卫千户刘成等领军千人在当地修筑军堡。这个军堡有兵千人，可视为一个千户所。洪武二十三年（1390 年）四月，朝廷以这个千户所的军堡为基础设置平夷卫。平夷卫的旗军是开国公常升带着撤回的一支征南军队驻辰州卫时，垛集的五千人规模的民间丁壮。这些丁壮经垛集编伍和初步的军事训练之后，由右军都督佥事王成、千户卢春统领来到刘成筑堡之地置卫。而原由刘成率领的神策卫军士则迁徙到香罗山另设千户所，此千户所也以“平夷”为名，并成为普安卫的在外守御千户所。

洪武二十年（1387 年）十一月，朝廷命令陈桓、叶升前往云南总制诸军，在定边、姚安等地立营屯种。命令下达后的次年，姚安、定远等千户所设立，隶属楚雄卫，为其二级守御千户所。

洪武二十三年至洪武二十四年（1390 年至 1391 年）是朝廷设置云南与贵州两地卫所最为集中的阶段。卫所治城在今云南境内的有平夷、陆凉、越州、马隆等卫与木密关、宜良、杨林、安宁等守御千户所；在今贵州境内且隶属贵州都指挥使司的有赤水、层台、都匀、兴隆、龙里、新添、威清、平坝、安庄、安南等卫及部分卫属所。治城在贵州东境却隶属湖广都指挥使司的平溪、清浪、偏桥、镇远等卫，皆在此两年内陆续开设。

普安卫设置的完成实际上经历了初征云南与再征云南两个阶段。普安卫虽在洪武十五年（1382 年）设置，但普安卫所属平夷、乐民、安南、安笼等守御千户所大多在洪武二十一年至洪武二十二年（1388 年至 1389 年）设置。平夷千户所最先由千户刘成创设，安南千户所以再征云南期间千户不帖杰等创立的安南堡为基础设置，

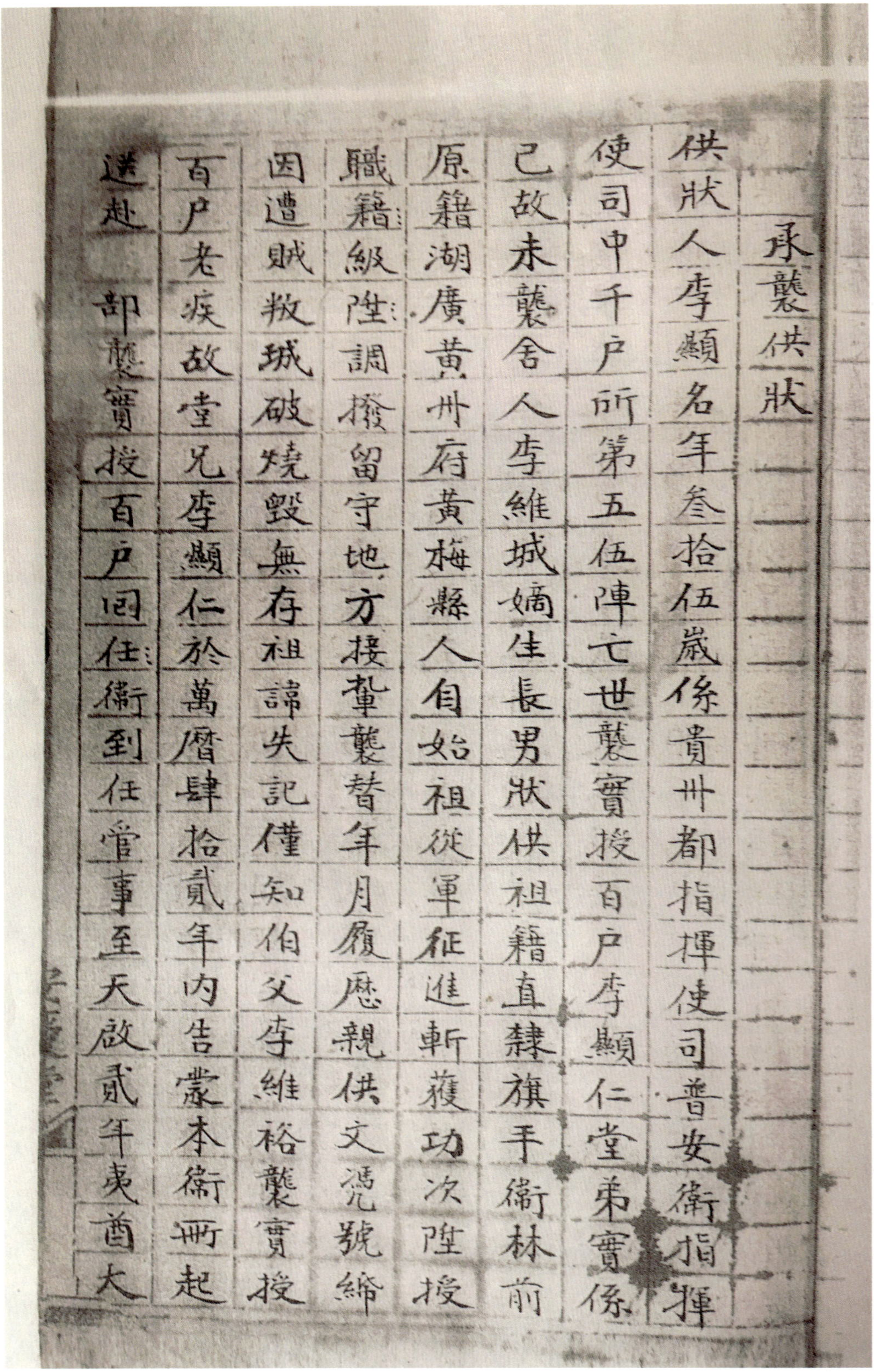
承襲供狀
供狀人李顯名年叁拾伍歲係貴州都指揮使司普安衛指揮
使司中千户所第五伍陣亡世襲實授百户李顯仁堂弟實係
已故未襲舍人李維城嫡生長男狀供祖籍直隸旗手衛林前
原籍湖廣黄州府黄梅縣人自始祖從軍征進斬獲功次陞授
職籍級陞調撥留守地方接替襲替年月履歷親供文憑號締
因遭賊叛城破燒毀無存祖諱失記僅知伯父李維裕襲實授
百户老疾故壹兄李顯仁於萬曆肆拾貳年内告蒙本衛冊起
送赴部襲實授百户回任衛到任管事至天啟貳年夷酋大

明代普安卫中千户所第五百户李氏承袭供状（李小宇　提供）

乐民千户所以百户戴荣等创立的拓落堡为基础设置，安笼千户所起源于千户李贵等创设的宁远堡。尽管普安卫统辖的在外守御千户所正式设立的时间略有不同，但都是由百户或千户之类卫所武官，于再征云南期间领兵创设的军堡发展起来的。

普安卫城内驻守的直属千户所，除了左、右、中、前、后五所，又有中左千户所、中右千户所，内外千户所的整体规模超过两个标准卫的编制。杨通在洪武二十年（1387 年）领兵去云南戍守，因军士逃亡者众而被降为普安卫指挥使，这正是在再征云南背景下发生的。大概在杨通被贬为普安卫指挥使前后，毕节卫指挥使郑珍也领兵来到普安卫。当时，傅友德正用兵越州阿资，原普安军民府土知府普旦与阿资相呼应，普安成为军队驻守与屯田的重要场域。郑珍领兵来到普安之后，普安军民府被裁撤，普安卫因兼领土司而成为军民指挥使司。普安卫原本是一个标准建置卫，增添中左所、中右所及在外诸守御千户所、诸军堡站堡等，主要是在再征云南背景下实现的。

陆凉、越州、马隆等卫与平夷卫一样，都是在傅友德、沐英等讨平越州阿资的基础上设立的。陆凉卫因沐英的奏请而设置于古鲁昌，时间在洪武二十三年（1390 年）二月。卫城系云南都指挥佥事方用、洱海卫指挥佥事滕聚领兵修筑。随后朝廷又将元朝时守御陆凉州的千户哈剌不花从曲靖卫调回陆凉卫，由此可见明初云南卫所部分将士来自元梁王部队的降附之众。据记载，方用是明凤阳府滁州全椒县（今安徽全椒）人，而指挥滕聚则在十年之后的白沟河战役中阵亡。

洪武二十三年（1390 年）五月，越州卫得以设置，由指挥使何鉴、焦真竹、泰仙童等带领长沙右护卫军士驻守该地。次年，徙该卫于陆凉州。又年余，朝廷徙长沙护卫官兵于越州训练，并将长沙护卫归于越州卫，卫治又从陆凉州迁回越州，即今云南省曲靖市越州镇。在越州卫设置之后，马隆卫也因沐英奏请添设，后马隆卫改为云南左护卫，以原卫部分兵力设置马隆千户所。此外，同期或之后设置的还有木密关守御千户所、宜良守御千户所等。经初征云南朝廷设置曲靖、沾益等卫所之后，再征云南期间又在其周围添设平夷、越州、陆凉、马隆等卫与木密关等守御千户所，昆明、曲靖至普安沿线，因其重要的交通位置及优越的农业条件，成为云南地区卫所密集设置的区域之一。

赤水、层台等卫，七星关等守御千户所设置于洪武二十一年（1388 年）。洪武

汤官屯建筑（李立洪　摄）

十四年（1381 年）十二月白石江战役结束后，征南将军傅友德率军接应从永宁出发的侧翼部队，而后打通乌撒路。洪武十五年（1382 年）七月，明廷派遣一批骁勇军士到吉安侯陆仲亨帐下，要求他们驻守七星关，修缮城池，操练兵马，遇有战事则作为前锋调用，七星关成为乌撒路上的重要据点。同时，朱元璋指示傅友德等，在守御普安路要害之处的同时，放弃在东川、芒部、乌蒙诸部设置卫所的打算，在永宁卫以南至七星关中间设置一卫，在七星关、乌蒙、芒部等三处择一处设置卫，将原拟设东川卫的军事力量调到七星关之南、乌撒之北的中间地带（即今贵州赫章）设置卫，乌撒虽已筑城，但仍要加速推进乌撒卫的落地。

洪武十五年（1382 年）八月，朱元璋对于前述乌撒路增置四卫的安排作出调整，放弃在乌蒙、芒部设置卫所的设想，明确于赤水、毕节、七星关各设置一卫，于黑张与瓦店之间设置一卫。显然，朱元璋至此已经放弃在乌撒设置都指挥使司以专门控制乌蒙诸部的打算，退一步强调对乌撒路的控制。但是，即便是退而求其次的打算，也在洪武十七年（1384 年）二月设毕节卫之后中辍。直至朝廷组织再征云南，乌撒路沿途卫所才陆续增置并稳定下来。

洪武二十一年（1388 年）十月，朝廷在永宁卫与毕节卫之间增设了赤水、层台两卫。当年二月，长兴侯耿炳文遵循朱元璋的指令，派遣陕西都指挥同知马烨率西安等卫官兵三万三千人来到永宁、毕节一带。十月，在马烨将返回陕西的时候，他建议在永宁卫以北的泸州增置泸州卫，在永宁卫以南增置赤水、层台两个卫，于是朝廷就以调征云南的陕西各卫官兵一万五千余人分置各卫。这批官兵以陕西土军为主，即明朝在洪武二年（1369 年）前后统一今陕西、甘肃、宁夏、青海等地时收编的本地军队。在设置层台卫之后的第六年，因为屯种不便，难以解决军饷问题，朝廷将层台卫军士调往建昌，以之为基础设置建昌前卫，原层台卫卫城成为赤水卫前千户所驻地。此外，七星关守御千户所也在洪武二十一年（1388 年）被设置，初属乌撒卫，后改属毕节卫。从赤水、层台等卫设置的过程来看，朝廷增设卫所首先考虑的是军士的来源，其次就是考虑屯田能否满足基本军需。

安南卫设置于洪武二十三年（1390 年），早期任该卫指挥使的有六安侯王志之子王威、凤翔侯张龙之子张麟。当时，指挥使张麟带着从湖广宝庆府一带垛集的土军在江西坡一带防守兼屯田，因当地气候炎热，于是向东迁徙数十里至尾洒堡，于

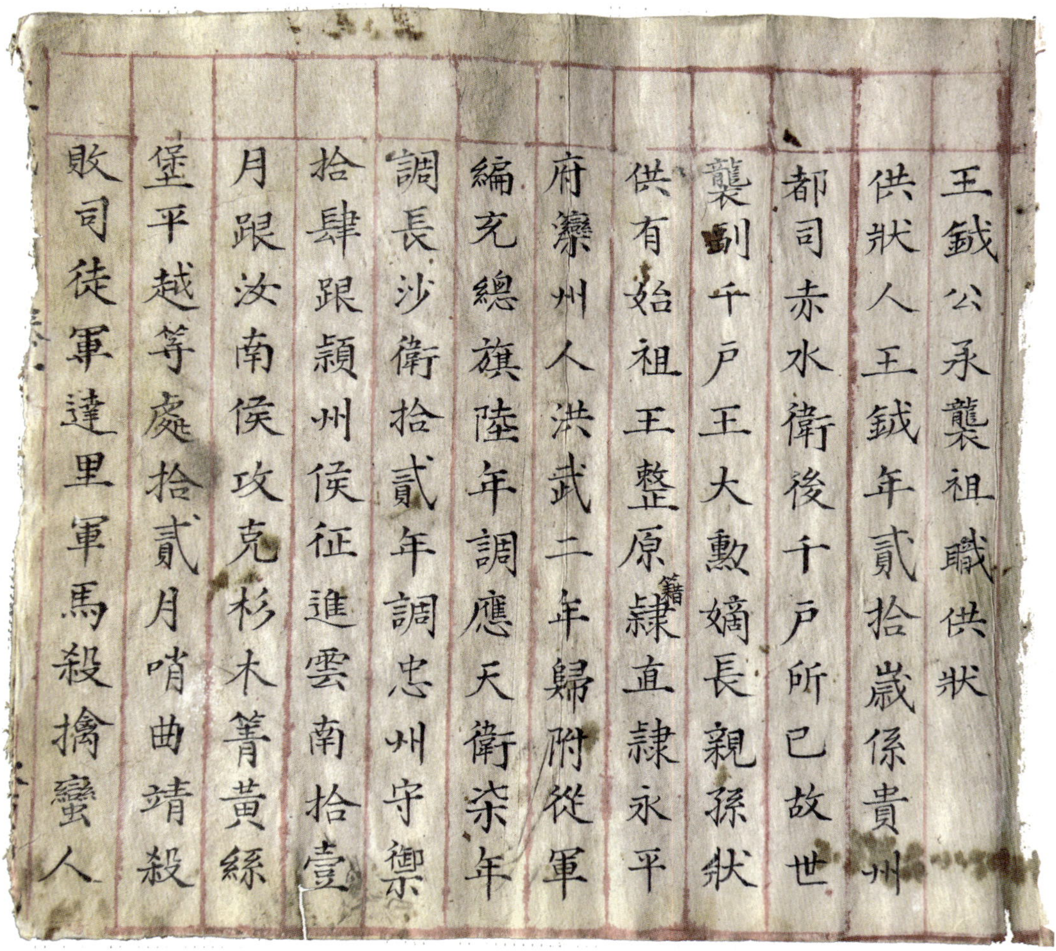
王鉞公承襲祖職供狀
供狀人王鉞年貳拾歲係貴州
都司赤水衛後千戶所已故世
襲副千戶王大勲嫡長親孫狀
供有始祖王整原籍隸直隸永平
府灤州人洪武二年歸附從軍
編充總旗陸年調應天衛柒年
調長沙衛拾貳年調忠州守禦
拾肆跟潁州侯征進雲南拾壹
月跟汝南侯攻克杉木箐黃絲
堡平越等處拾貳月哨曲靖殺
敗司徒軍達里軍馬殺擒蠻人

明代赤水卫后千户所王钺承袭供状（王隆进　提供）

该地筑城置卫。所谓“宝庆土军”应为洪武二十二年（1389 年）朝廷从湖广宝庆府邵阳、新化及武冈等州县垛集的民丁。至于洪武十五年（1382 年）拟要开设的尾洒卫，实际上只是筑成尾洒堡，该尾洒堡主要发挥往来递运的作用。洪武二十三年（1390 年）六月，朝廷遣杨颙、杨镇视察云南都指挥使司与贵州都指挥使司官员、士兵之数，杨颙检阅的云南左、云南右、云南前、临安、曲靖、金齿、大理、洱海、楚雄等九个卫与杨镇检阅的贵州、普定、普安、平越、兴隆五个卫及原平夷、黄平、新添等三个千户所，其中并无尾洒卫之名，说明初征云南之时朝廷最初开设的一批卫所中，诸如尾洒、水西、乌蒙、芒部、东川等逾三分之一的卫并未成功开设，即便开设也旋即废止或迁徙。

与安南卫、赤水卫、层台卫前后设置的，除了前述云南都指挥使司统辖的平夷、陆凉、越州、马隆等卫，还有贵州都指挥使司统辖的兴隆、清平、新添、龙里、威清、平坝、安庄、安南等卫，湖广都指挥使司统辖的平溪、清浪、镇远、偏桥、九溪、永定等卫，以及五开、施州等卫下辖的一批二级守御千户所。此后，朝廷设置的卫所大多数是从已设置的卫所抽调或迁徙改置实现的。

兴隆卫置于洪武二十二年（1389 年）六月，隶贵州都指挥使司。洪武七年（1374 年）十一月，朝廷置播州黄平宣抚司，以其地属之。洪武十年（1377 年）正月，朝廷以成都中卫军士为主体，加上抽调贵州卫及成都前、成都后、成都左、成都右等五个卫共二千七百名军士守御黄平。朝廷又于一年后设置黄平守御千户所，降黄平宣抚司为安抚司。至洪武十五年（1382 年）正月设置贵州及云南都指挥使司时，朝廷拟升黄平守御千户所为黄平卫，之后，降黄平卫为千户所，升平越守御千户所为平越卫。在兴隆卫之后设置者，还有平溪、清浪、镇远、偏桥、清平、新添、隆里、威清、平坝、安庄、安南、平夷、都匀等卫。

镇远卫与兴隆卫同月设置。朝廷设置兴隆、镇远等卫后，命凤翔侯张龙、荥阳侯郑遇春、平凉侯费聚、龙江卫指挥同知徐参等前往云南设置驿站。而后，朝廷又命张龙等同延安侯唐胜宗等训练黄平、平越、兴隆、镇远、贵州等卫军士，并经营屯田。洪武二十三年（1390 年）六月，朝廷召还张龙等从征诸将，傅友德等将领先后还京，标志着再征云南的战略性军事行动结束。同月，朝廷遣杨颙检视云南左、云南右、云南前、临安、曲靖、金齿、大理、洱海、楚雄等九个卫的兵马，杨镇检

安顺市天龙屯堡古镇大门（李立洪　摄）

视贵州、普定、普安、平越、兴隆等五个卫及原平夷、黄平、新添等三个千户所的兵马。杨颙检阅官员一千余人，士卒八万七千三百余人；杨镇检阅官员三百余人，士卒二万九千六百余人。除了少数卫所未经检视，杨镇检阅卫所官兵人数总计约三万人，大概可视为当时贵州都指挥使司掌握的军队人数。其他未经检视的已设卫所主要隶属于湖广都指挥使司与四川都指挥使司。

在杨颙、杨镇检视云南、贵州兵马的同时，明廷又命欧阳伦前往湖广、云南，给予赵庸等征集的新兵十七万九千五百余人赏赐，这是湖广、云南（包括今贵州部分地区）在内所征集新兵的总规模。此前，朝廷命傅友德等公侯、都督共二十四人分驻湖广、四川各卫所操练兵马，又命魏国公徐允恭、开国公常升、曹国公李景隆、靖宁侯叶升、吉安侯陆仲亨、东平侯韩勋、东川侯胡海、南雄侯赵庸、江阴侯吴高、全宁侯孙恪、平凉侯费聚等十余位公侯于湖广各卫检视军士。至此，湖广、云南所征集的新兵数量，按照当时的标准编制可配置三十二个卫。

洪武二十二年（1389年）二月，朝廷设置九溪、永定两个卫，又改大庸卫为千户所，改变安福土千户所属性。同年十二月，朝廷设置武昌卫指挥使司，命指挥佥事鲍同守之。施州卫所属大田军民千户所设置于洪武二十三年（1390年）闰四月，五开卫所属中潮、铜鼓、新化亮寨、黎平、隆里、新化屯、平茶屯等守御千户所设置于洪武二十一年（1388年）或洪武二十五年（1392年）。朝廷分别于洪武二十三年（1390年）、洪武二十五年（1392年）调靖州卫后所设置汶溪千户所、调靖州卫左所设置天柱守御千户所。铜鼓千户所（后升格为卫）设置于洪武二十一年（1388年）、枝江千户所设置于洪武二十三年（1390年）。洪武二十一年至洪武二十四年（1388年至1391年）增置卫所以新设的为主，洪武二十五年（1392年）以后新置的卫所，大多是已设卫所载撤并改徙而形成的。湖广地区在这一时期增置四个卫十二个所，加上平溪、清浪、镇远、偏桥等四个卫，则超过十个卫的兵力。

贵州都指挥使司所属卫所，在洪武二十一年至洪武二十四年（1388年至1391年）增置的有赤水、层台、安南、安庄、平坝、威清、龙里、新添、清平、兴隆、都匀、贵州前等卫，还有普安卫的兵力增置，规模合计超过十三个卫。

云南都指挥使司所属卫所，同期增置的有平夷、陆凉、越州、马隆、景东、蒙化等卫，木密关、宜良、杨林、安定、易门、姚安、定远、鹤庆、通海、永平等千户所，还有增置兵力的金齿卫、新置的云南中卫，总兵力超过十个卫的规模（鹤庆、通海、永平等千户所实际各有两个千户所的兵力）。

合计以上湖广、贵州、云南三个都指挥使司增设的卫所兵力，减去由陕西土军增置的赤水、层台两个卫的兵力，大体与前述十七万九千五百余人的新军，共三十二个卫的兵力相吻合。这些新增的兵力主要被分配到新设卫所，并成为新设卫所旗军的主体来源，又有少部分被配置给了五开、普安等已经设置的卫所，使得这些卫所的编制规模扩大。

总之，人们对于“洪武征南”的理解，普遍强调洪武十四年（1381 年）九月明廷派傅友德、蓝玉、沐英等将军，率军三十万平定云南元梁王及大理段氏的战略军事行动。此次军事行动持续了两年多，朝廷设置贵州都指挥使司、云南都指挥使司及云南布政使司，成功开设云南左、云南右、云南前、云南后、曲靖、大理、临安、楚雄、普安、普定、乌撒、平越等十余处重要军卫。但是，洪武时期其实还有一次持续约三年的大规模军事行动常常被人忽视，此次军事行动同样具有重大战略意义。此次军事行动，从洪武二十年（1387 年）五月沐英等针对滇西百夷与乌蒙诸部之东川部、越州部用兵开始，到洪武二十二年（1389 年）二、三月份，蓝玉、傅友德等分别前往四川、湖广练兵，再到洪武二十三年（1390 年）六月朝廷召在云南整治邮驿、训练军士、经营屯田的凤翔侯张龙等还京为止。

这一次明廷针对云南的再度大规模军事行动，前后持续约三年，调用兵力三十万人以上，后期编练新军近十八万人，并以之为基础在湖广、贵州、云南新设二十余个卫、十余个千户所，扩编数个卫所。此次军事行动涉及的主要将领数量之多、职级之高、参战军队规模之大，以及大规模增置卫所并开展屯田的影响之巨等，都能与初征云南时的规模及所产生的影响相比拟。因此，为了区分两次战略性军事行动，我们称前一次为“初征云南”，称后一次为“再征云南”并不为过。目前，初征云南之役已经得到学术研究的普遍重视，而再征云南之役则很少被单独提及。实际上，基于再征云南而发生的卫所设置、屯田开展与相应的“洪武填南”等，这些才是将明初的滇黔经略落到实处的社会措置。

此外，在两次大规模战略性军事行动中，明廷都试图实现对乌蒙诸部的有效统治，初征云南时尝试在乌撒一带设置都指挥使司，最终放弃这一设想，转而将重点放在乌撒路的经营上，再征云南时则继续巩固乌撒路的驿路建设成果。直至洪武二十七年（1394 年）九月，朱元璋命以建昌军民指挥使司为中心，设立四川行都司，领建昌、建昌前、宁番、越嶲、会川、盐井等六个卫，朝廷设都指挥使司管理诸彝部的战略设想才部分实现。

洪武二十二年（1389 年）三月，明廷命傅友德等率领再征云南的部队撤回，将部队分驻湖广、四川等地的卫所操练。此后至贵州布政使司设立之前，云贵地区除了局部发生动乱被朝廷平定，再无类似初征云南和再征云南规模的战略性军事行动。

洪武晚期的云南、贵州之地，随着卫所建置稳定下来，屯田持续深入开展，屯堡沿普安道、乌撒道、建昌道分布，中央政府在西南地区的统治秩序得以巩固，西南地方社会因此进入了相对和平的时期。

# 第三章

# 洪武填南

在今滇黔两省部分地区，“洪武征南”与“洪武填南”是一对广泛流传的概念，二者相互依存，相互支撑。然而，在田野走访中发现，民间流传的多是有关“洪武征南”的祖先叙事，而“洪武填南”则隐藏于背后。民间常以“填南”的存在衬托“征南”的自豪感，认为“征南”而来的是代表朝廷戍边并管理当地军官，而“填南”来的是受朝廷惩罚的普通民众。因此，鲜有人承认自己的祖先是“填南”而来。洪武二十三年（1390 年）六月，明廷派驸马都尉欧阳伦前往湖广、云南赏赐南雄侯赵庸等人征集的新兵。显然征集新兵的绝不仅南雄侯赵庸一人，因为一个人可以征集的新兵数量有限，很难达到如此规模。此外，这批新兵分布于湖广、云南的哪些卫所以及他们的具体来源，这些问题实际上与再征云南背景下新置卫所的旗军来源密切相关。

## 一、湖广练兵

洪武二十二年（1389 年）三月，朝廷令傅友德等从云南撤军，其麾下各将领分兵驻守湖广、四川等卫所操练兵马。其中，傅友德驻沅州卫，申国公邓镇驻大庸卫，魏国公徐允恭驻常德卫，曹国公李景隆驻安陆卫，开国公常升驻辰州卫，靖宁侯叶升驻襄阳卫，普定侯陈桓驻岳州卫，雄武侯周武驻武昌卫，吉安侯陆仲亨驻蕲州卫，安陆侯吴杰驻茶陵卫，东平侯韩勋驻黄州卫，东川侯胡海驻宝庆卫，南雄侯赵庸驻长沙卫，宣宁侯曹泰驻瞿塘卫，宣德侯金镇驻施州卫，靖海侯吴祯驻衡州卫，江阴侯吴高驻永州卫，全宁侯孙恪驻沔阳卫，延安侯唐胜宗驻黄平所，都督张铨驻桂阳所，都督王诚驻忠州所，都督孙彦驻道州所，信国公汤和之子汤鼎驻长宁所，六安侯王志之子王威驻夷陵所。

朱元璋解释此次大规模操练兵马的缘由时指出：“历代中央政府之所以难以对西南地区进行有效统治，主要是地理环境方面的原因。那里山高林密，植被茂盛，夏多雨雾，闷热潮湿，到处都是毒蛇蚊虫，外地人到了那里，水土不服，容易染病，军事行动很难取得成功。现在，东川部已经被平定，阿资已经投降，云南大势已定，再征云南的战略行动可以宣告结束了。但是，我担心大军撤回之后，地方再生动乱。现在，朝廷命一众将领分驻各处要害，既能让部队得到休整，又可继续威慑各方。”

综观前述诸位将领的出身，他们大多数为继承父辈爵位的公侯，也有个别依靠自身实力官至都督或得以封侯者。傅友德征南有功晋颍国公，为开国公侯中少数存世的将领之一。其驻守沅州卫既可直接威慑贵州、云南的地方势力，又便于调遣湖广各地驻守的将领。申国公邓镇为宁河王邓愈长子，多次跟随明军北伐。魏国公徐允恭为中山王徐达长子，后改名徐辉祖，靖难之役时为南军主要将领之一。李景隆为曹国公李文忠之子，开国公常升为开平王常遇春之子，东平侯韩勋为韩政之子。靖宁侯叶升、普定侯陈桓等在征南军事行动中总制诸军，组织屯田；雄武侯周武跟从朱元璋定江东，灭陈汉，平张吴，因功升为指挥佥事。观察从云南撤回的将领身份与规模，可推断再征云南的将领队伍远比当年平定明夏时要庞大，甚至这些将领在爵位和武官职级上也比初征云南时要高。

再就是诸位将领的驻军之地，或处于交通要塞，或处于各府州治所。沅州卫可视为洪武时期贵州与湖广的交界处。大庸卫在湘西澧水岸边，控制永顺、慈利等地。瞿塘卫原为瞿塘千户所，在湖广夷陵入蜀天险之处，明军平明夏之后先设千户所，至洪武十二年（1379 年）七月改置瞿塘卫，又设置梁山、大竹、忠州、达县等四个守御千户所。明军平定明夏以后，朝廷在今湖北恩施一带设置施州宣慰司，又在筹划平定云南的军事行动之前数月，设置施州，并以建始县隶属之，不久又设置施州卫军民指挥使司。其他如常德、安陆、辰州、襄阳、岳州、武昌、蕲州、茶陵、黄州、宝庆、长沙、衡州、永州、沔阳等卫，以及黄平、桂阳、忠州、道州、长宁、夷陵等千户所，除了少数处于交通要冲，大多数处于府州的政治经济中心，并成为后来朝廷从湖广地区垛集民丁的主要人口来源地。

國公傳芳德
大明壬午年立

安顺市城内圆通寺碑记（吕燕平　摄）

## 二、卫所中的职役之别

在讨论卫所武官与卫所旗军来源之前，必须提出“卫所职役”的概念。任何卫所都存在两大群体，即武官群体与旗军群体。武官也称武职，简称“职”；明初卫所中的旗军，具体包括总旗、小旗与军役等服役者，简称“役”。卫所中的职与役合称“职役”，之所以要区分卫所的职与役，是因为二者在卫所中的地位、数量和来源等方面各不相同，不能一概视之。

我们讨论卫所武官与旗军来源之前，首先要注意卫所中的职役之别。现今学术界讨论明代卫所移民来源的时候，存在对卫所武职人员和旗军不加区别的现象，这种笼统论述的倾向尤其应该避免。在卫所中，武职人员无疑占据主导地位，旗军占据主体地位，而武职人员和旗军的来源是有差别的。不同卫所中的武职群体往往更加具有某种共性，或者说是同质性，而旗军来源则更具有差异性，或者说在不同时间、不同地点、不同军事形势，甚至不同的将领带领军士设置的卫所等，都可能导致具体卫所之间旗军来源的结构性差异。

官方档案对职役履历的记载有着不同要求与表述。明朝规定，对于那些虽有官员身份，但实际只有总旗或小旗的职权者，无需履行武职承袭程序，不过，鉴于日后存在获功勋升职的可能性，在子孙袭替之时须查验小旗、总旗等二级功次，因此仍要将各卫所总旗、小旗（简称“总小旗”）服役的履历，附在有关档案册籍之后。简言之，官方对于卫所总小旗及武职的总小旗履历，是会予以记载的。从武职选簿等官方档案记载的具体实践来看，选簿会更多记载冠带总小旗的履历。然而，从整体上来说，卫所中总小旗服役的履历仍较少被记载，许多官方档案存在遗漏或记载极为简略的问题。

在职役履历的叙事用语方面，二者存在严格的身份差别。例如，对于总小旗及军役而言，“役”分为充役、补役、代役。其中，需要解释的是补役和代役：原役人员去世，他人补充其役，称作“补役”；原役人员没有去世，但因故不能继续服役，他人补充其役，称作“代役”。役的统计单位是“名”，就如同我们日常所说的几名同学、几名老师等。对于卫所指挥使、指挥同知、指挥佥事、千户、百户、卫镇抚与所镇抚等武官，他们的身份是“职”，相应的统计单位是“员”，正如现今称“官员”，以“员”作为“官”的量词。武职人员因故不能继续任职，需要他人替代的情况称为“替职”；武职人员去世之后，需要他人承袭职位的情况称为“袭职”。

在制度设计层面，武职的世代承袭被称为“世袭”，总小旗与军役的世代补充被称作“世充”。尽管二者都有世代相承的特点，但“袭职”与“充役”在实际执行中仍存在明显界限。从制度规定来看，武职袭替需要通过“比试”，而总小旗的补代需要“并枪”。在卫所武职世袭、旗军世充的基本原则下，明朝发展出一套相当完备的比试制度与并枪制度。目前，学术界对武官比试制度的研究较为深入和充分，然而对于总小旗并枪制度的专门讨论，却仅在个别史学爱好者的文章中有涉及。

对于明初滇黔乃至全国大多数的卫所而言，职的同质性与役的差异性都值得关注。除了羁縻卫所、土军卫所及由靖难之役形成的“新官”卫所等特殊类型的卫所，通常情况下，各卫所在武职构成上是相似性多于差异性；但在旗军的结构方面，情况则恰好相反，各卫所之间的差异性更值得重视。

明初云南、贵州等都司所属卫所，职役存在明显区别。以“洪武征南”时期朝廷设置的卫所为例，其职役主要是征南留戍的官员与将士，这些人员主要来自浙江、江西、湖广、四川及河南等都司卫所。留戍的旗军在一定程度上来自这些地区，而武官区分从征、归附等类型，再加上元末明初职役调遣频繁，因此必须充分重视职与役在来源方面的结构性差异，以免将职与役的来源混淆。再看“洪武填南”时期设置的卫所，其武职主要从各地卫所抽调，而总小旗及军役则是通过垛集民丁入伍并编练成军的。

## 三、武官来源

### （一）征南未留戍的武官

无论是初征云南，还是再征云南，除了部分武官留戍当地卫所或担任“汉土司”

明代卫所武官墓碑（吕燕平　摄）

的官吏，大部分征南武官在战役期间或战役结束之后都回到了原卫所，或者因升授职级而调往其他卫所，并未留戍于当时涵盖贵州在内的“云南”地区。学界通常认为土司都是由少数民族担任，但实际上，在西南地区，尤其是贵州地区的长官司，一般都设有正长官司与副长官司，其中副长官司中有相当一部分副长官属于“从征官”，这些从征官中又有部分属于卫所中的百户等低阶武官。对于这类由卫所中低阶武官转任土司官职并世袭的人员，我们可称之为“汉土司”。“汉土司”的概念，是中国社会科学院中国历史研究院张金奎教授在一次讲座中所提及的，这是一个值得深入探讨的问题，不过本书并不打算对其展开深入探究。参与初征与再征云南的卫所武官，主要来自亲军卫所、五军都督府直属卫所以及各在外都司所属卫所。为便于区分，可直接将他们分为在京卫所武官与在外各都司卫所武官。

贵州卫是今贵州境内最早设置的明朝卫所，该卫早期的武官流动性较大。

首先，在平定明夏之后至明朝初征云南之前，任职于贵州卫的武官，其袭职、替职多在此期间发生，且大多会被调往其他卫所。例如，庐州府人杨诚，从军九年后于元至正二十四年（1364 年）担任管军千户，洪武四年（1371 年）升任贵州卫管军正千户。他去世以后，长男杨忠被任命为岷州卫左所正千户，而岷州卫置于洪武十一年（1378 年）七月，杨忠应是在此时之后调往岷州卫的。又如扬州府江都县人陶复，洪武十五年（1382 年）承袭沅州卫后所百户之职，其父陶懋原属贵州卫左所，因事充军，世袭百户。

其次，在洪武晚期，此前任职于贵州卫的武官，大多会在世袭职务上获得升迁，并被调往其他靠近内地乃至京畿附近的卫所任职。例如，盱眙县人周氏，先后充役先锋、小旗与总旗。洪武十一年（1378 年），他赴京升任贵州卫后所百户，后被授流官职。到洪武二十六年（1393 年）正月替职时，他升任副千户，并被调至平越卫左所任职。再如临淮县人吴氏，洪武二十五年（1392 年）四月，他至京师办理替职手续，父子皆得面见朱元璋。朱元璋认为他们从军时间长，一直驻守在像贵州这样的边远地区，因此，除准许替职外，还将吴氏的职务从贵州卫左所流官百户越世袭百户，直接升至世袭副千户，并调往常德卫前所任职。还有雄县人赵氏，原系贵州卫中所世袭副千户。洪武二十四年（1391 年）五月，其赴京办理替职手续，在御前引见时，朱元璋问及从军年月，鉴于其“功力深远”，且一直“在外守御”，便越

福
親师位
金玉满堂

天龙屯堡生活场景（李立洪 摄）

过世袭正千户一职，将其提拔为锦衣卫世袭指挥佥事。回顾洪武中前期，卫所武官世袭制度虽然在逐步形成，但尚未像后来那样，将世袭职级与某一卫所绑定。当时任职于贵州卫的武官，在承袭职级的时候，往往被调到了其他卫所。大约在征南结束之后，卫所武职世袭制度才逐渐与相对固定的卫所绑定在一起，贵州卫大概也属于这种情形。

再次，因充军来到贵州卫的原武职官员，会在充军期结束之后离开。例如，凤阳府凤阳县人王大才，充军之前为虎贲左卫右所镇抚，洪武二十年（1387 年）任贵州卫后所镇抚，建文元年（1399 年）调任沅州卫前所副千户。

以上有关卫所职役的种种情形，与沐氏镇守的云南诸卫所稍有差异。在洪武十五年（1382 年）初征云南背景下设置的卫所，除了部分武官被调往别处，还有部分武官直接留驻当地卫所。换言之，早期的永宁、贵州等卫以及在初征云南、再征云南等背景下设置的卫所，随着卫所武官世袭制度与卫所绑定程度不断加深，最终在洪武晚期世袭职级逐步“定”到相应卫所。

普定卫的武官群体大致到洪武晚期才稳定下来，在此之前，普定卫早期的武官与旗军主要来自南直隶、浙江及湖广等都指挥使司下辖的卫所。初征云南结束以后，又有相当部分旗军班师，并凭借征南军功成为中低阶武官，而后辗转调到其他卫所任职；同时，也有部分武官平级调到其他卫所任职。例如，南直隶滁州陈氏初征云南时攻克普定，随后归并普定卫右所，后班师返京，其由旗军充役者升授泗州卫左所百户。浙江金华府金华县蔡氏，洪武年间在本省处州卫充军役，被抽调征南，升授广武卫前所百户。又有金华县李氏，被抽调征南，洪武十七年（1384 年）任普定卫小旗，后班师返京升任寿州卫右所百户。湖广长沙府宁乡县谢氏，以世袭百户身份初征云南之后留戍普定卫中所，再征云南时仍然奉调从征，洪武二十一年（1388 年）受伤亡故，由其子弟袭职调至清浪卫左所。巢县宁氏再征云南时调入普定卫任职百户，旋即阵亡，袭职者改授新设湖广永定卫百户。六安州朱氏的履历与宁氏类似，也是调普定卫任职，旋即阵亡，继袭者改授永定卫大庸所百户。洪武晚期及之后虽有依靠靖难之役起家的新官陆续调入，但数量不多且职级较高。这些新官虽然一度在卫所中处于领导地位，却并没有改变武官群体的整体结构。

洪武时期，曾任职于云南左卫、云南右卫、云南前卫等，后调往其他卫所，且未留戍云南都指挥使司、贵州都指挥使司所属卫所的武官不在少数。例如，河间府任丘县张氏，在调征云南之前承袭杭州右卫前所流官镇抚。洪武十八年（1385 年），他被调至云南左卫左所。数年后，他因公差赴京，向朝廷自奏从军时间长，且曾暂代卫镇抚事，随即越级升任为曲靖卫世袭指挥佥事。浙江丽水县盛氏，原任宝庆卫所镇抚，在调征云南后，升为金齿卫世袭卫镇抚。此后，他辗转调入云南左、云南中等护卫，至永乐元年（1403 年）仍回金齿卫任职，至永乐十三年（1415 年）再袭职时，被调往留守行后军都督府新设的保安卫。临颍县郝氏，原系苏州卫左所镇抚，因初征云南有功，升任云南右卫卫镇抚，之后又升任云南右卫右所正千户。在永乐年间，郝氏袭授兴州左屯卫中所正千户。河南开封府夏邑县朱氏，在调征云南之前为永州卫中所镇抚。洪武十七年（1384 年），他因征金齿等地有功，升授云南前卫卫镇抚，后再征云南有功，改任曲靖卫卫镇抚。但由于该卫卫镇抚这一职位无空缺，他被调升为宁夏中卫右所世袭正千户，之后又升为宁夏中护卫指挥佥事。

征南后未留戍当地的武官中，有一类是开国公侯子弟及五军都督府都督这样的武官勋贵，他们大多对卫所的早期建置起到了重要作用。例如，都督孙恪曾任平越卫指挥使。洪武十六年（1383 年）七月，朝廷降右军都督佥事孙恪为平越卫指挥使，同年十月之后，又召还孙恪担任后军都督府佥事。孙恪为凤阳人，是燕山侯都督孙兴祖之子。带领一众宝庆土军开设安南卫的征南指挥使张麟，是凤翔侯张龙之子。安南卫成功设置之后的首任指挥使王威，是六安侯王志的长子。承袭营阳侯爵位的杨璟之子杨通，因带领出征云南的官兵逃亡，被贬为普安卫指挥使。这类以开国公侯子弟出任卫指挥之职的情况，在洪武时期并不罕见，其中，在洪武前期调到在外卫所的武官，大多数并未永久性地留驻所调卫所。

总体来看，洪武时期卫所武官与旗军的调动相对频繁，武官依赖原籍州县提供劳动力及军装的制度虽然已经逐渐形成，但大多数武官并没有长期固定的任职地点，洪武中前期尤为明显。此后，武官调动频次逐渐减少，经洪武中后期至永乐初期的动态调整，伴随着卫所设置逐渐趋于稳定，屯田与屯军形成的人地关系相对固化，武官世居卫所，并逐渐融入成为本地居民。

## （二）征南留戍的武官

较早编入贵州卫的武官和旗军大多数并未永久性地留驻当地，从洪武四年（1371年）年底至洪武二十三年（1390年）之前，该卫武官被调往他处任职，旗军被调往他处服役，其中因功升授武职而被调往他处者也不在少数。不过，在初征云南时，朝廷设置的卫所中确实有部分武官永久性地留戍所调卫所，到再征云南及之后调入卫所的武官也基本上留在了所调卫所。以下选取个别卫所留戍的武官予以介绍。

云南左卫。该卫有西宁州人短氏，在元末军队中充任镇抚，洪武三年（1370年）归附，洪武四年（1371年）任河州卫百户，随后随征至甘肃，调入河阳卫，洪武十四年（1381年）征灰山、西河等地，之后又调征云南。洪武十五年（1382年），他参与攻克大理，调守云南左卫，洪武十六年（1383年）征罗次县等地，后升为副千户永久性地留戍云南左卫，最后升至该卫指挥佥事。该卫另有“西宁土人”马氏，原是吐蕃来降的官员，因数次向明廷朝贡马匹及方物，于洪武四年（1371年）六月得授河州卫指挥佥事，又于洪武七年（1374年）十一月署河阳卫事，之后调征云南，任云南左卫指挥同知。至建文初，他奉调北征，升任楚雄卫指挥使，之后仍袭云南左卫指挥同知之职。又有西宁人完氏，其履历与前短氏、马氏相近，也是洪武十五年（1382年）调拨至云南左卫守御，洪武十八年（1385年）由百户升任本卫右所副千户，其后遂留戍该卫右所任职。与前述武官的履历相近的还有速氏，他以百户升授云南左卫前所副千户。此外，又有商县王氏，原充总旗，洪武十五年（1382年）调入云南左卫左所，洪武十八年（1385年）因初征云南有功升任百户，此后永久性地留驻云南左卫。

云南右卫。该卫留戍的武官代表是南直隶和州的潘进。他原是元朝将领陈野先属下的军士，朱元璋渡江之后归附。明朝初征云南之前，他已经是湖广沔阳卫指挥佥事，随傅友德征云南时领兵屯守七星关，后署理云南后卫之事，之后又调入云南右卫，至洪武十八年（1385年）五月升任指挥同知。潘进在云南动乱频发，军粮不足的情况下，能够组织屯田，守御地方，实现军粮自给自足，军备不曾荒废，为此受到朝廷表彰。潘进作为云南右卫首任军政长官，大概始终在该卫任职。与潘进前后任职于云南右卫的还有指挥佥事高斌，他原系骁骑右卫指挥佥事，洪武十五年

（1382 年）被调至云南右卫，洪武十八年（1385 年）升任本卫指挥同知，至洪武二十九年（1396 年）调入云南左卫，并永久性地在该卫任职。

平越卫。洪武十五年（1382 年）闰二月，原平越守御千户所升格为平越卫，该平越守御千户所大概在此前一年设立，仍可视为初征云南时较早设置的卫所之一。平越卫最早的领军指挥应该是指挥同知戴旺。戴旺曾于洪武二十一年（1388 年）在平越卫治所的南边二里处建月山寺，说明其调入平越卫已有数年。六安州人王先洪武时期任平越卫指挥佥事，有智勇谋略。建文二年（1400 年）四月，他在白沟河战役中阵亡，后裔仍回平越卫袭指挥佥事之职。庐州府合肥县贾氏，任虎贲左卫中所正千户，初征云南后班师，于洪武十七年（1384 年）任武德卫指挥佥事，后征越州被杀，继任者授安庄卫指挥佥事，建文年间调入平越卫。平越卫的武官，大概在卫所初置时调入一批，其后于洪武二十五年（1392 年）补充一批，建文年间又有陆续调入者，永乐至正统年间零星调入的新官后来居上，一度在卫所中处于领导地位。

大体而言，初征或再征云南期间留戍云南卫所的部分武官调遣频繁，但大体仍在云南都指挥使司所属卫所辗转。例如，南直隶和州狄氏，原本任颍州卫副千户，洪武二十三年（1390 年）调至陆凉卫，之后又调至马隆卫、云南前卫、云南左卫。永乐初年，他被调至洱海卫，之后又被调至清化卫。后来，因为清化卫被撤销，朝廷又将狄氏调回云南左卫。此外，也有相当部分明朝开国时期的勋贵子弟，其后裔最终在各地卫所承袭卫指挥之类武职的情况。

## （三）卫所武官的地域格局

整体而言，在明初卫所武官中，南直隶群体占据主导地位。南直隶涵盖凤阳府、庐州府、直隶滁州、直隶和州、应天府、庐州府、安庆府、淮安府、扬州府、常州府、苏州府、宁国府、徽州府等地。这些地方在元末明初战事频繁，其地位各有不同：有的是朱元璋淮泗势力的核心区，有的属于张士诚的势力范围，还有的处于陈友谅势力与朱元璋势力的争夺地带。当时，包括元朝官方在内，存在大大小小诸多军事势力，以朱元璋淮泗集团势力为核心来看，这些军队将领最后大体可以归为两大类：

一类是“从征”群体，他们属于朱元璋势力的核心力量；另一类是“归附”群体，其中既有元朝官方归附朱元璋势力的将领，又有从其他群雄势力归附的将领。

来自南直隶的武官群体。很多时候，我们说某个卫的武官是从南直隶或者南京来的，然而却未留意南直隶武官群体的内部差别，这个问题其实非常重要。以平越卫为例，一般研究认为其武官大部分来自南直隶地区，但深入探究会发现，其中职级较低的千户、百户等武官群体，实际多来自原来张士诚的势力范围。不仅如此，来自浙东地区的武官原来也属于张士诚的势力范围，甚至平越卫的旗军群体构成，也可以从元末明初群雄势力格局的角度进行分析与思考。

来自北直隶及山后的武官群体。滇黔卫所武官中，有相当一部分来自北直隶及山后地区。北直隶指直隶于京师的地区，山后的范围则相当广泛，包括了现在的内蒙古自治区以及东北很多地方。讨论滇黔卫所中的北直隶及山后武官群体，要注意他们调入滇黔卫所的时间。在洪武时期调入的，大多是朝廷将归附部众安插于滇黔卫所的结果；洪武以后调入的，除了少数武官因受贬谪或因其他特殊原因调入滇黔卫所，他们多数在永乐、宣德、正统至弘治年间调入，属于新官群体。新官的调遣与洪武时期出于安插特定部众而开展的武官调遣都具有移民性质。

以贵州前卫李缙为例，景泰元年（1450 年）五月，羽林前卫带俸指挥使李缙升任贵州都指挥佥事，随后，李氏被编入贵州前卫，世袭指挥使之职。李缙始祖猛哥卜花于永乐初归附，被授千户，后升为都督同知。其子撒满答失里于宣德四年（1429 年）袭都督佥事，正统十年（1445 年）赴京奉旨改名李忠。到三世孙李缙时，被调为贵州都指挥佥事。当时正值正统十四年（1449 年）土木堡之变之后，时任少保兼兵部尚书的于谦为防止与李满住有亲党关系的李缙等人泄露朝廷机密，故升李缙为贵州都指挥佥事，将其调往贵州任职。此事对于李缙家族来说，其家族原是毛怜卫土官，李满住属于建州卫土官，在二者的竞争中，李缙家族面临被吞并的危险，紧跟明廷步伐成为其保全家族的选择。李缙调到贵州都指挥使司任职，从只拿薪俸不任事的“带俸”武官，转变为名副其实的实职武官。贵州前卫李缙的案例具有特殊性，但对于洪武至正统年间陆续安插至各地卫所的东北及西北诸少数民族首领及其部众而言，同样具有典型性和代表性。

来自湖广的武官群体。现存的武职选簿大多以特定时期的武官姓名为标题，这个作为标题的姓名叫作“脚辈姓名”。“脚辈姓名”下边就标注着对应武官当时的职级，如指挥使、指挥同知、指挥佥事或者千户、副千户、实授百户、世袭百户、试百户、卫镇抚、所镇抚等。为什么呢？因为我们研究卫所职役来源，重点在于探究他们调入卫所时的身份，即武官是什么职，旗军是什么役，而非注重调入以后袭什么职或充什么役。现存武职选簿中的“脚辈姓名”，大多是嘉靖时期和隆庆时期的武职，其相应的职级也是这个时段的，并非洪武、永乐、宣德、正统等时期，武官调入时的职级。

在讨论役的来源时，这个问题也要注意。一般情况下，除了明后期新设的卫所，贵州的其他卫所在洪武时期就已经设置完备，总旗、小旗及军役等，在卫所设立后的一段时间内就已经完成调拨，一般不存在永乐以后才陆续调入旗军的情况。之所以着重强调这一点，是因为卫所中部分总旗、小旗及军役等充役者，到了嘉靖甚至万历以后，才凭借军功获得武职身份，进而被选簿记载。但我们不能就此认定，他们是在被选簿记载时才调入贵州的卫所，实际上他们在卫所完成设置或者之后不久就被调入卫所。

讨论卫所职役的来源，一定要以职役调入卫所之初的身份作为依据。笔者在讨论湖广武职群体的时候强调这个问题，是因为湖广地区不仅是贵州卫所武职来源的重要区域，更是贵州卫所旗军来源的主要区域。在旗军群体中，有一部分人是通过参加正统年间的麓川之役、景泰年间的道路建设，或在其他地方参加战争，甚至在万历、天启时期因军功而获得武职身份。尽管他们最终具备武职身份，但只能作为役的来源的案例进行讨论。

其他来源地的武官群体。贵州卫所武职，除了来源于前述南直隶、北直隶、山后、湖广等地，还来自明代山东、河南、陕西、山西、浙江、江西、福建等地区。其中，来自山东的以新官居多；来自明代陕西的，其地域大致包括今青海、甘肃、宁夏等地，且更多的是朝廷安插在西北等地的归附群体。

在讨论卫所武官来源时，还需回答新设卫所武官的来源问题。大体而言，新设卫所武官主要从其他已设卫所武官中抽调。其次，朝廷会从总旗、小旗中提拔人员担任百户等低阶武官，再从百户等低阶武官中提拔人员担任千户等中阶武官，从千户等武官中提拔人员担任卫指挥使之类的武官。武官的同级别调动与升授是新设卫

所武官的主要来源，不过也存在降级调动，或将犯轻罪的武官调往边远卫所任职的情况。

总体而言，除了部分羁縻性质的卫所，常规设置的卫所是代表明朝镇戍地方的军事机构，其武官结构体现着军事集团的权力架构。各卫所间，武官的结构性差异小于旗军的结构性差异。各地卫所的武官大多是从征武官，居于领导或主体的地位，来自原陈友谅、张士诚或其他势力的归附武官，在领导岗位的占比较低，在千户、百户这类中低阶武官里占比相对较高。靖难之役以后，新官群体崛起，部分卫所成了新官集体“带俸”的编制单位。历经永乐、宣德、正统等朝代，更多卫所的武官由朝廷调遣安插的新官担任。总之，由于卫所武官的权力特征，卫所之间在武官层面呈现出更多同构性。无论是西北、西南、东北、沿海的卫所，还是内地的卫所，

安顺市西秀区“云峰八寨”之雷屯（李立洪　摄）

其武官整体结构有诸多相似性，这与旗军的结构不同，旗军的结构更具个性特征。因此，我们在认识卫所移民的时候，一定要注意区别卫所中的职与役，他们在来源、结构、话语权以及对地方社会的影响力等方面，均存在差异。

## 四、旗军来源

旗军作为卫所人口的主体，其来源呈现出区域性与时段性差异。这种差异性不仅存在于不同时期、不同区域的卫所之间，甚至同一区域内设置的卫所中也存在或大或小的差异。

## （一）初征云南期间卫所的旗军

初征云南后，留戍当地的部队大概有六七万人。如果留戍人数超过总兵力的四分之一，难免会在相当程度上影响原调卫所的编制结构。不过，考虑到征南部队本身是从各卫所，以较小的比例抽调凑集成军的，这个比例应该可以适当提高到总兵力的三分之一。一般情况下，卫所军队既不能整卫成建制地调往他处，又要避免过于零星的调遣，以防武官与旗军之间的熟悉程度降低，进而削弱军队战斗力。班师的卫所武官与旗军，或继续任原职、服役，或由普通士兵升为小旗、总旗，进而升为百户之类的低阶武官，或由百户等低阶武官升至千户、指挥使等中高阶武官。我们可考证两次征南将士的履历，探讨哪些卫所参与了征南军事行动，进一步探究官兵构成与元末群雄势力范围的内在联系，并在此基础上，对初征云南期间卫所的旗军来源进行讨论。

从零星的案例来看，普定卫有的旗军来自南直隶、浙江及陕西等地区。例如，陕西鄠县的高氏在明末时承袭的武职仅为试百户，那么其调入普定卫的始祖应该属于旗军。浙江金华府金华县人李悌原系某卫小旗，洪武十七年（1384 年）被调拨为普定卫小旗，次年升任寿州卫右所百户。滁州人陈保原充金华千户所军役，征云南，克普定，后升任泗州卫左所百户。金华县人蔡荣原系充军者，调任至处州卫，洪武十六年（1383 年）归入普定卫，返京后任广武卫前所百户。以上数例原充任普定卫总小旗或充军役者，从原籍看有来自陕西、南直隶滁州、浙江金华等地的，从原卫所来看有来自浙江都指挥使司的。

云南左卫旗军主要来自南直隶、湖广、北直隶等地区，其中来自河南、山西、江西、浙江等地的旗军占有一定比重。洪武十四年（1381 年）十一月，朱元璋敕令宋国公冯胜："听说有五百余人的流动匪徒从黄陂县向西行动，杀掠居民，估计是调征云南的旗军中，因畏避军役而逃亡的人。军士逃亡，本当死罪，更何况又聚而为匪，要派遣官军在汝宁、南阳一带将他们抓捕归案。”逃亡的旗军出现在河南境内，这从侧面表明来自河南等地的旗军在征南大军中占到一定比重。

洪武十五年（1382年）三月，朱元璋谕令傅友德等，要求江西、浙江、湖广、河南、四川等都指挥使司官兵留戍云南，这表明征南部队留戍当地者，主要为江西、浙江、湖广、河南、四川等都指挥使司下辖的旗军。留戍云南左卫的江西都指挥使司旗军主要来自南昌卫等；来自四川都指挥使司的旗军大多在洪武四年（1371年）归附，并参加过征蜀；来自湖广、江西的旗军可能更多是由陈友谅或明玉珍部众归附而来；来自浙江都指挥使司卫所的旗军多是从张士诚部众归附而来；来自河南都指挥使司卫所的旗军，原本或属于原龙凤政权，或属于李思齐部众。不过，朱元璋谕令前述江西等都指挥使司官军留戍云南，并不能说留戍的旗军都来自这些地区，在经历元

安庄卫百户印（吕燕平　摄）

末至明初十余年的征战之后，旗军的跨省区多卫所调动已经相当频繁。有案例表明，洪武十五年（1382 年）从南昌卫、南昌左卫调入云南左卫的总旗、小旗，他们的原籍并不在江西布政司，而在南直隶的相关府州。旗军所属卫所的都指挥使司隶属关系与旗军来源地府州县所属布政使司并不能画等号。

从具体案例来看，云南左卫早期的旗军有山西大同府大同县尚氏，他于洪武四年（1371 年）充任小旗，洪武十五年（1382 年）调入云南左卫右所，而后留戍该卫服役。河南开封府中牟县吴氏，初征云南之前充任小旗，之后升格充任总旗。南直隶扬州府泰州华氏，编入云南左卫之初充任小旗，至正统年间才因功充任总旗。湖广襄阳府房县徐氏，征南时因功由小旗升总旗，编入云南左卫时也是旗军之类的充役者。对于云南左卫来说，来自西宁州的土军应该是不可忽视的力量，他们先是构成河州卫的重要力量，后又调至河阳卫，最后调往云南左卫成为其中一到两个千户所的主体力量。总体而言，在初征云南时，云南左、云南右、云南前、云南后等几个驻守云南府的主要卫所，其武官与旗军的结构就已经相对稳定了。

洪武十七年（1384 年）正月，明廷命令工部提供九万套军服给云南将士，这表明当时留戍云南与贵州都指挥使司卫所的官兵总数不超过九万人。同年三月，傅友德、蓝玉等自云南班师回京，留沐英镇云南，征南主力部队尤其是京卫旗军仍各回归原卫所。由于留戍云南的兵力相对单薄，难以有效巩固西南地区的统治秩序，这就使得后续依靠遣谪官兵补充云南兵力成为必然。

## （二）留戍旗军的规模与来源

贵州卫所设置的高潮发生在洪武二十一年至洪武二十三年（1388 年至 1390 年）。在这一时期，明廷再次大举用兵云南。在大规模军事行动结束之后，数十位开国公侯或重要将领在湖广、四川等地练兵，时间大概是洪武二十二年（1389 年）。练兵的兵从哪里来？他们并不是元末明初经历百战洗礼的那些卫所旗军，而是从各个府州县通过“三丁抽一”的方式征集来的民众。朝廷通过有组织地规模化地垛集民丁，将他们补充到新设卫所中去。除洪武四年（1371 年）、洪武十五年至洪武十七年（1382

年至 1384 年）设置的卫所，明末新设镇西卫、敷勇卫等，当时仍属四川的威远卫等及各卫下辖的守御千户所以外，贵州辖境内的其他各卫，几乎都是在洪武二十一年至洪武二十三年（1388 年至 1390 年）设立的，如赤水卫、兴隆卫、新添卫、龙里卫、平坝卫、安南卫、安庄卫、威清卫、清平卫、都匀卫及隶属湖广都指挥使司而治所在贵州境内的清浪卫、偏桥卫、平溪卫、镇远卫等。

洪武二十三年（1390 年）六月，明廷派遣尚宝司卿杨颙、尚宝司丞杨镇分别检视云南都指挥使司、贵州都指挥使司的官员、士兵之数。经统计，两地都指挥使司的官兵人数约十一万八千，从湖广等地垛集的新军有十七万九千余人，合计近三十万人。

粗略统计，贵州都指挥使司所属十八个卫，黄平、普市等两个直属千户所，在贵州境内而属湖广都指挥使司管辖的五开、铜鼓、清浪、平溪、镇远、偏桥等“边六卫”，再将五开、普安等两个明显超编制的卫统计成四个卫的规模，按照每个卫五千六百人来折算，洪武晚期贵州境内的卫所总兵力大概为十五万人。云南都指挥使司下辖的卫所，在除去大罗卫等部分明代中后期新设的卫所以后（这些后来设置的卫所实际上是调遣云南本地已置卫所而设立的，并不影响对明初云南卫所兵力的统计结果），其总兵力有十五万人左右。

在不统计本地土司兵力的前提下，朝廷初征云南时的用兵规模达三十万人，再征云南时，兵力也在三十万人左右。再征云南之后，朝廷增设了一大批卫所，并补充了湖广新军及陕西土军，加上原留戍当地的卫所士兵，总兵力仍维持在三十万人左右，并且这一数量成为此后理论上的额定之数。

据相关史料，明夏被平定以后至再征云南之前，云南及贵州地区的卫所总兵力约为十二万人。然而，再征云南之后，不到两年时间，总兵力就已有约三十万人。这就产生了一个疑问：卫所新增的旗军从何而来？每个已经设置的卫所，其旗军的编制、戍守之地以及屯种之地都是相对固定的，旗军不太可能被大规模地抽调。在少数情况下，朝廷虽可以从其他已设卫所中抽调部分兵力，但大部分新设卫所的旗军需求，要靠垛集民丁来满足。除了垛集的民丁，明代陕西和山西一带归附的土军以及洪武二十年至洪武二十一年（1387 年至 1388 年），明军降服的北元纳哈出的部众，也是云南、贵州等地卫所旗军的重要来源。例如，由陕西都指挥同知马烨带领，因

安顺市西秀区"云峰八寨"之云山屯（李立洪　摄）

参加再征云南行动而留驻下来开设赤水卫的陕西土军；乌撒卫中来自六盘山的旗军；云南左卫中来自西宁州的“土人”。又如，洪武二十年（1387 年），由营阳侯杨璟长子杨通带领前往云南戍守的官兵，以及次年由江阴侯吴高率领出征百夷的故元“番军”等。

## （三）湖广各地垛集新军的去向

今人解读再征云南的意义，要从卫所的批量增置、新军的规模化编入以及屯田的广泛深入开展等方面来考量。其中，再征云南时编入诸卫所的旗军，大部分是从湖广各地垛集而来的民丁。这项措施最早于洪武二十年（1387 年）十月试行。当时，朱元璋下令，湖广常德、辰州两府每户“三丁抽一”，前往云南驻屯。这是明廷发布调遣湖广、陕西、山西等各都指挥使司将士再征云南的命令之后，发布的又一项指令，从中不难推断，奉调征南的部分将士在征战结束后，仍要撤回原卫所，而在此背景下开设的新卫所，则用这些垛集而来的民丁进行人员补充。洪武二十二年（1389 年）九月，开国公常升向朝廷奏请，为“辰州所属籍取民丁编军训练者”配发月粮，户部认为按照惯例应该每人每月给五斗粮。然而，朱元璋担心此标准难以满足士兵的生活需求，遂要求按照每人每月一石的标准发放。到了第二年四月，开国公常升在辰州一带征集的民间壮丁五千人，在右军都督佥事王成、千户卢春的带领下开赴云南，并成功设置了平夷卫。显然，“三丁抽一”的办法在湖广各府州县推行后，由此组建的新军力量，不仅成为洪武二十三年（1390 年）前后新设卫所旗军的主要来源，也成为部分已设卫所旗军的重要补充。

当时，傅友德等率领开国公侯及其袭爵子弟、新生代将领，从云南各地撤军，进驻湖广、四川各处卫所操练兵马。此次操练的主要对象并非那些从元末到明朝建国二十余年经历百战的老兵，而是卫所驻地及其近旁州县的青壮年。朝廷要求按照“三丁抽一”的原则，从各州县适龄青壮年男性中抽取民丁编入军队，并对这些新入伍的服役人员展开集中的军事训练。

贵州都指挥使司下辖的威清卫、安南卫与湖广都指挥使司下辖的清浪卫、平溪卫，其卫城和主要屯田区域在贵州境内，并且有相对完整的武职选簿存留至今。武职选簿主要记载武官承袭履历，明代中后期有相当一部分武官是由最初调入该卫的总旗、小旗及军役积累军功升授而来，这些案例为我们讨论旗军的来源提供了有效线索。我们可借此探讨威清、安南、清浪、平溪等卫旗军的主要来源。

明后期威清卫湖广籍贯的武官共 17 家，其中原籍为黄州、荆州、武昌、襄阳及辰州等地的共 10 家。之所以称“家”，是因为卫所武官的世袭职务主要是在家族内以家庭血缘方式传承，顺序依次为男性嫡亲、庶亲、堂亲、族亲，超出这个范围，被称为“故绝”，世代承袭的职务就会被取消。这当中，有 1 家是来自黄州府蕲州黄梅县的金氏，在洪武二十三年（1390 年）因事充军调入威清卫左所。另外有 7 家皆来自湖广长沙府，其中 4 家来自浏阳，3 家来自湘乡，大致都有在洪武二十二年（1389 年）充军，然后在就近卫所集训半年左右，第二年由指定的军事将领带到威清卫，之后成为新设卫所的总旗、小旗或普通军人的履历。

晚明安南卫武官共有 105 家，依照各家武官原籍统计，分别为南直隶 44 家，湖广 34 家，山东、浙江、河南、北直隶各 6 家，江西、四川及山后各 1 家。各家武官中，原籍浙江的有 1 家，为李氏，黄岩县人，任小旗之职，于洪武十四年（1381 年）征云南期间阵亡，补役者仍充小旗，班师回原卫所后升充总旗，后来因事被充军，而后又恢复总旗之职，调入安南卫右所。其履历与下文南直隶大部分旗军的经历相似，即初征云南有功升任总小旗，洪武二十二年（1389 年）因事充军，靖难之役后恢复原总小旗身份，永乐年间编入安南卫。

在南直隶 44 家武官中，有 4 家调入安南卫之时的身份是总小旗或军役，可以从中窥探该卫旗军来源的部分情形。南直隶凤阳府定远县杨氏，原是濠梁卫军士，洪武十四年（1381 年）调征云南时充任小旗，后因征云南阵亡。补役者以其阵亡之功升任总旗，洪武二十二年（1389 年）因事充军，朱棣入主金陵后回到原卫所仍充任总旗，永乐七年（1409 年）调入安南卫。南直隶应天府溧阳县王氏的履历与前述杨氏的履历类似，原充任小旗，初征云南时有功升任总旗，后因事充军，靖难之役后回原卫所复任总旗，永乐年间编入安南卫右所，仍充任总旗。南直隶扬州府如皋县徐氏，原充任小旗，建文年间升为安南卫后所总旗，后被降职，仍任小旗，宣德年间以小旗身份通过“并枪”制度升任总旗。扬州府泰州陆氏，原充军役，因擒拿

安顺市西秀区大西桥镇吉昌村的屯军山（吕燕平　摄）

守城御史王彬出城朝见朱棣有功，升为试百户。从上述原籍为南直隶、浙江等地的安南卫旗军的履历来看，他们或在洪武年间调入安南卫，或在永乐年间编入安南卫，大多有奉调初征云南、再征云南期间因事充军、在靖难之役中或立功或降附的履历。

湖广籍的武官有 34 家，其中有 13 家或在洪武年间调入安南卫时已具有武职身份，或系永乐至正统年间陆续调入的武官。湖广籍武官中来自宝庆府的多达 21 家，他们在洪武时期都是安南卫的总旗、小旗或军役。例如，宝庆府武冈州夏氏在安南卫开设之初就调入该卫左所为军，武冈州正军户刘氏调入安南卫之后，转由贴军户李氏继续承担军役，武冈州唐氏充任总甲之后调入安南卫右所充任总旗。诸如此类，表明安南卫旗军主体是宝庆府地区垛集而来的民丁，其总旗、小旗也主要由原本充任总甲、小甲，并在“并枪”活动中胜出者担任。

安南卫的设置过程稍微复杂，早在初征云南的时候，明廷便有开设尾洒卫的打算，并且当时已有设卫举措，但并未开设成功。之后，在再征云南期间，指挥使张麟、指挥同知梁海、指挥佥事宋云等率领宝庆土军在江西坡（今贵州普安东部）一带驻军屯田。因该地气候炎热，张麟等遂东迁数十里在今晴隆县城一带修筑城池，开设卫所，并改名为安南卫。在安南卫开设之前，该地已有尾洒堡、尾洒站、尾洒递运所等驿道军事设施，因此安南卫旗军虽然主体上属于湖广宝庆府地区的垛集军，但应该也有少数来自南直隶、浙江等其他地区的旗军。

晚明清浪卫共有武官 110 家，其中来自湖广的武官多达 54 家，而这当中来自黄州府黄冈县与麻城县的又达 46 家。换言之，晚明清浪卫近二分之一的武官籍贯在湖广，其中黄州府黄冈、麻城两县的武官数量占整个清浪卫武官群体约五分之二。这些来自黄冈、麻城的武官，都曾在清浪卫充任总旗、小旗及军役。例如，黄冈县陈氏、袁氏在清浪卫任小甲，洪武二十三年（1390 年）充任小旗。又如，麻城的蔡氏、何氏、华氏、刘氏、卢氏、王氏、张氏、谢氏、赵氏、陈氏、周氏等，他们都与前述来自黄冈县的旗军有相似的履历。

此外，还有武昌府嘉鱼县赵氏、黄州府罗田县邹氏，也于洪武二十二年（1389 年）充任清浪卫旗军。所谓洪武二十二年（1389 年）充任清浪卫总甲、小甲或军役，大概清浪卫此时尚未正式设立，但已经纳入规划并启动实施，至第二年正式设置并在经历基层大比武活动之后，改称总甲、小甲为总旗、小旗，清浪卫才算正式设立。

这些清浪卫设置之初就编入清浪卫的总旗、小旗与军役，其中有部分人因为正统至天顺年间调征麓川、开通贵州道路或征香炉山等有军功，转变成可以世代承袭官职的中低阶武官。在清浪卫设置之初，有一位来自南直隶滁州的百户袁氏，原任流官所镇抚，因为犯罪，后来被调到清浪卫并改任百户，专门管理该卫的垛集军，并以不发工资作为处罚。

平溪卫的设置时间与清浪卫相近，该卫晚明武官有116家，主要来自南直隶与湖广，籍贯属南直隶者44家，属湖广者47家。除了来自湖广的武官，其他地区仅有1家在调入平溪卫之前没有武官身份，这特殊的1家系由小旗因军功升至试百户。此例或系编入平溪卫后所兼管鲇鱼站或平溪堡等站堡的旗军，并不能与平溪卫主体旗军来源一并讨论。

平溪卫籍贯为湖广的47家武官，除了分别来自襄阳府均州和黄州府蕲水县的2家，在调入平溪卫之前已经具有武官身份，其余45家皆来自湖广黄州府蕲州及其属县广济、黄梅。籍贯为蕲州及其属县的武官，初始身份都是总旗、小旗或军役。这些旗军在正统至天顺年间征麓川、香炉山等地有军功而升授试百户、百户等卫所低阶世袭武官。例如，蕲州成氏于洪武二十二年（1389年）充任平溪卫左所小甲，随后通过“并枪”升小旗；胡氏在洪武二十二年（1389年）充任平溪卫左所总甲，随后通过“并枪”充任总旗；倪氏于洪武二十三年（1390年）充任平溪卫后所总甲，洪武二十四年（1391年）通过“并枪”充任总旗。与上述履历类似的，还有蕲州的孙氏、田氏、王氏、韦氏、熊氏、燕氏、郑氏、邓氏，广济县的方氏、贺氏，黄梅县的陈氏、李氏、朱氏等。他们在调入平溪卫的时候，或是小甲，通过“并枪”充任小旗，或是总甲，通过“并枪”充任总旗。还有蕲州汪氏，调入平溪卫时的身份为军役，后来因军功才升任低阶武官。黄梅县朱氏、蕲州邓氏等，他们的“头户”分别为高氏、陈氏，这说明他们是继州县正军户之后以贴军户身份来平溪卫补役的。

平溪卫旗军的主体是从湖广黄州府蕲州及其属县垛集而来，有一批百户被调入平溪卫专门管理垛集军。例如，南直隶庐州府合肥县高氏，至洪武二十二年（1389年）升授百户，专门管理蕲州三户垛集土军。平溪卫开设后，他被调入该卫后所任职。淮安府盐城县单氏，原任世袭所镇抚，与上述清浪卫滁州袁氏情形类似，因罪调入卫所管理垛集军。还有永定卫正千户武氏，凤阳府宿州人，洪武二十二年（1389年）

因贩私盐之罪被降为百户，调入平溪卫中所管垛集军，数年后又被调入永定卫，袭前所正千户之职。综上可见，平溪卫旗军主体是蕲州及所辖广济、黄梅两县的垛集军。由于垛集军中有部分人后来凭借军功升授试百户、百户等低阶武职，我们可据此回溯该卫旗军的主要来源。

大体来说，威清卫、安南卫、清浪卫、平溪卫等设置于贵州驿道沿线的卫所，其旗军或有少部分属于因事充军而来外，主体上都是从湖广各地“垛集”而来。具体地说，平溪卫旗军主要来自蕲州及其属县广济、黄梅，清浪卫旗军主要来自黄冈、麻城等县，威清卫旗军主要来自浏阳、湘乡等县，安南卫旗军主要来自宝庆府武冈州及新化、邵阳等县。一般来说，每个卫的旗军都有相对集中的垛集地，通常按要求垛集二至三个州县的民丁能够凑集五千至六千人，进而满足开设一个卫所需的旗军数量。同时，相邻的新设卫所之间，其垛集民丁的地域也邻近。在“洪武填南”背景下，开国公侯及其子弟在湖广各地操练的新军，实际上主要就是垛集军。这些新军以整体迁移的方式，成为再征云南之后新设卫所的旗军主要来源。不过，由于多种因素影响，这些新设卫所，还有少部分旗军来自南直隶及浙江等地，其中部分与初征云南后留戍的官兵有关，部分则因遣谪而来。此外，还有相当部分卫所兼管

安顺市西秀区“云峰八寨”之雷屯（李立洪　摄）

站军，这类站军的来源更为复杂，多数并非来自再征云南之后的垛集旗军。

洪武二十年（1387年），明廷北征纳哈出，成功招降了一定规模的北方军队。之后，这批军队被调往云南。同时，江夏侯周德兴、信国公汤和在浙东、福建等地开设卫所，修筑卫所城池，这些新设卫所的旗军来源，主要是具有民籍身份的普通居民。这一时期在云南、贵州等地新开设的卫所，很难在土司林立的当地征集土民为兵，于是，从附近的湖广、四川等地垛集民丁为兵，就成为一种切实可行的策略。

## 五、贵州的军站与站军

洪武元年（1368年）正月，明廷下令健全官方交通网络，沿各地主干交通线普遍设置水马站、递运所与急递铺，负责递送使客、飞报军务、转运军需等事务。之后，朝廷改“站”为“驿”，就是通常所谓的“驿站”。同时，由卫所系统负责的具有“驿”

功能的类似机构仍称之为“站”。相对而言，“驿”与“站”的隶属差异更甚于职能区别，即“站”主要由卫所管辖，并承担夫役之责，“驿”主要由州县土司负责提供后勤保障。除了五开卫、铜鼓卫、都匀卫、贵州前卫等少数卫及黄平等都指挥使司直属的守御千户所，永宁、赤水、乌撒、毕节、普安、安南、安庄、普定、平坝、威清、贵州、龙里、新添、兴隆、清平、平越、清浪、平溪、普市等贵州及湖广直属卫、千户所都有管辖的军站。

“西四卫”所在的“乌撒路”沿线，分布着以下军站：永宁卫管辖的永宁站，建于洪武二十二年（1389年），位于卫城东三里的渔浮关；普市所管辖的普市站，建于洪武二十年（1387年），位于所城南三里处；赤水卫管辖的赤水、落台（又称层台）、阿永、摩尼（又称摩泥）等站，其中，赤水站在卫城东南，落台站在卫城南百里处，阿永站在卫城南四十里处，摩尼站在卫城北四十里处，这些军站均建于洪武初征云南时期。此外，还有毕节卫管辖的毕节、周泥（又称周尼）等站，其中毕节站在毕节卫城东南，周泥站在毕节卫城西八十里处；乌撒卫管辖的乌撒、瓦甸（又称尾甸）、黑张（又称黑章）、普德归、倘塘、沾益等站，其中乌撒站在乌撒卫城南一里处，瓦甸在卫城东八十里处，黑张站在卫城东一百里处，普德归站在卫城南八十里处，倘塘站在卫城南九十里处，沾益在卫城南一百八十五里处。

“上六卫”所在的“普安路”沿线，分布着以下军站：威清卫管辖的威清站；平坝卫管辖的沙作站；普定卫管辖的普定站；安庄卫管辖的安庄、查城（又称渣城）、关岭、白水、北口、南口等站。其中，威清站在卫城南，沙作站在卫城南，普定站在卫城西门外，安庄站在卫城南二十五里处，查城站在卫城南八十里处，白水站在安庄站西，北口站在卫城南五十五里处，南口站又作南口堡。以上军站，除了关岭站建于万历年间，其余各站皆建于洪武年间。此外，还有安南卫管辖的尾洒站，普安卫管辖的湘满、亦资孔、新兴等站。其中，尾洒站在卫城东北，湘满站在卫城北一里许的八部山下，亦资孔站在卫城西六十里的石象山下，新兴站在卫城东北七十里的新盘山下，除了尾洒站，其余三站均建于洪武再征云南期间。新兴站曾在弘治年间因米鲁之变而站破军散。不久，朝廷又重建站城，并修有城门三处、城楼三座。

“下六卫”管辖军站的情况：兴隆卫管辖兴隆、东坡、重安等站，其中兴隆站在兴隆卫城南，东坡站在卫城东二十五里处，重安站在卫城南三十里处。清平卫管辖的清平站在清平卫城西。平越卫管辖平越、黄丝、杨老等三站，其中平越站在平越卫城南，黄丝站在卫城南二十里处，杨老站在卫城东三十里处。新添卫管辖的新添站在卫城北。龙里卫管辖的龙里站原属贵州卫，龙里卫设置后改属龙里卫。

“居中二卫”的贵州卫与贵州前卫，只有贵州卫管辖贵州站。该站在城东南二里新添关内。“边六卫”之军站主要包括清浪卫管辖的梅溪站，平溪卫管辖的鲇鱼站与平溪站。

各军站又称站堡，除了个别站，大多设置于初征云南与再征云南期间。明代贵州的站在多数时候会有一个同名的驿，驿与站的位置相隔不远，甚至会在同一个地方，如新添站和新添驿都建在新添卫城北，新兴站和新兴驿都在城北七十里处。驿通常先于站建成，站多建于再征云南期间。

各军站通常设有管站百户三人左右，这些百户多是军功出身，职位世袭。除了管站百户，还有管站千户。这些管站千户多由明中后期立下军功的管站百户晋升而来。如平越卫杨老站管站百户曹氏，他在弘治七年（1494 年）因征都匀有功而升为副千户，又在正德六年（1511 年）因征乖西有功升为正千户。曹氏由百户升为正千户的经历说明，军站武官除了管站，还要履行一定的军事职能，但其主要职责仍然是管理军站。

军站的站军虽名为军，实际上是负责搬运军需、传军情递的夫役，所以又称站夫、担夫。贵州各军站的站军数量根据路段的崎岖程度与路途远近而有所不同。军站官兵数量多的有四五百，少的有二三百。据记载，平越站有一位来自南直隶江阴县的周姓站军，他是在再征云南前夕充军来到平越站的。峄县曹氏，从军多年，在初征云南期间任湖广辰州府镇溪巡检司巡检，不久又回到卫所服役，再征云南之初被提拔为平越卫杨老站试百户。杨老站另一名试百户巩氏也是由资深军士升职而来。

威清卫前所百户杜氏来自宣城县，最初为一名卫所军士，因从军时间久，升为驿丞，后来升为试百户。永乐年间，这名军士被调入交州右卫，于宣德年间调回威清卫前所。浙江海盐县朱氏原是洪武二十二年（1389 年）威清卫威清站的充军者，而后成为威清站军。江都县李氏早年从军充任总旗，初征云南之后赴京，被授为留守中卫通济门所世袭百户，再征云南期间先后调入楚雄卫右所、临安卫后所、安南卫尾洒站任职，后遂世袭尾洒站百户。尾洒站的另一名管站百户湘潭杨氏，一开始以总旗身份初征云南，之后升为百户，后因事充军，复职后调入尾洒站任世袭百户。还有一名尾洒堡的世袭百户，合肥县人，由代役老军升为试百户。尾洒递运所又称尾洒堡站递运所，最初由普安卫管辖，后来改隶安南卫，其管所百户杨氏原籍武进县。安丰县王氏任平溪卫黄土坡堡摆站试百户之前为资深军士，后调入清浪卫右所袭试百户。清浪卫梅溪站堡百户为湖广松滋县陈氏。大兴县王氏于洪武二十年（1387 年）升为试百户，就职于平溪卫平溪堡摆站。平溪卫鲇鱼站百户为武定州马氏。从上文所述平越、威清、安南、清浪、平溪等卫管辖军站的武官信息来看，他们大多有征南履历，系资深军士，籍贯多为浙江及南直隶原张士诚或湖广原陈友谅控制范围的州县。

## 六、贵州的土军千户所

明代中前期，西南地区的军事力量主要由三部分组成：代表国家军事力量的卫所旗军、接受征调的土军以及具有地方民兵性质的巡检弓兵。土军主要指来自本地且初始具有“民”身份的军士，包括土司兵，但不仅限于此。土军或被编入卫所，或仍由土司从本地百姓中征调。被编入卫所的土军具有永久性，或就近驻守，或平时为农，战时为兵；没有被编入卫所的土军大多数时候属于土司能够调集和统帅的武装力量，这种武装力量具有临时性，平时为民，接受调遣时方编制为军。

明初贵州境内卫所，征集土军入伍者不多。如洪武十五年（1382 年）朝廷于播州沙溪筑城，曾以官军一千人，土军两千人戍守。洪武二十五年（1392 年）二月，朝廷在思州、思南两个宣慰司所属地方置思州千户所、思南左千户所、思南右千户所，这三个千户所属于土军千户所。有记载称这三个千户所设置于永乐十一年（1413 年）正月，这个时间是明廷正式裁撤思州宣慰司、思南宣慰司，设置贵州布政使司的前一个月，此时突然设置三个土军千户所不合情理，故设置时间应在洪武二十五年（1392 年）。

在思州宣慰司、思南宣慰司被废除以后，明廷强化了对这几个土军千户所的管理，首先将思南左、思南右两个千户所合并为思南千户所，接着在永乐十二年（1414年）十二月增置思州千户所、思南千户所吏目各一员。两年之后，经时任贵州左布政使蒋廷瓒奏请，朝廷将思州千户所、思南千户所由前军都督府改隶右军都督府，要求这两个千户所以弹压地方为任务，不得继续务农。至洪熙元年（1425年）八月，思州千户所、思南两个千户所就被废除了。

当时，行在兵部奏陈这两个千户所设置本末：当初，思南宣慰使田宗鼎（实际为田宗鼎之父田大雅）、思州宣慰使田琛各奏设千户所，由本地居民充土军，聚则为军，散则为民，千户所的百户、镇抚等官都由本地土司充任。后来，朝廷罢废思州宣慰司、思南宣慰司，改设思州、思南、石阡、铜仁、乌罗、新化、黎平、镇远等八府，并设置贵州布政使司治理各府地方，土军都解散为民，只有思州千户所、思南两个千户所的千户、百户与镇抚等官职继续保留。思州千户所、思南千户所的军士被遣散而军官仍然保留，那么千户所到底是重建还是解散呢？行在兵部希望朝廷能够给个准确意见。最后，朝廷给出的意见是彻底裁撤这两个千户所，千户所的流官千户都回到原来的卫所任职。

概言之，从洪武二十五年（1392年）到永乐十一年（1413年），思州千户所、思南左千户所、思南右千户所正常存在了二十余年，此后裁废思州宣慰司、思南宣慰司，土军千户所呈现出军去官存的名存实亡状态，这种状态又保持十余年至洪熙元年（1425年）才彻底结束。

实际上，在思州千户所、思南千户所的流官千户调回原属卫所之后，大部分的土官百户仍然在当地传袭绵延。例如，镇远府属邛水长官司土百户王思恭，思南府务川县随县办事土百户谢鼎新、田惟载，石阡府石阡长官司土百户王如昌，龙泉坪长官司土百户冉文虎、何嗣昆等，都属于这两个土军千户所裁撤之后仍然沿袭的土百户。

镇远府邛水长官司土百户王思恭，原是思州宣慰司的一个头目，洪武二十五年（1392年）因功绩，被任命为土百户。洪熙元年（1425年），其三世孙升袭职为镇远府邛水长官司土百户，至八世孙廷钺故绝。

思南府务川县随县办事土百户谢鼎新，本县官籍，前元任本县知县，其子复隆任主簿，三世孙谢政弼任思南千户所百户。思南府务川县土百户田惟载，本县官籍，洪武五年（1372 年）改设思宁长官司，其改为思宁长官司长官。其子茂常改授信宁巡检司巡检，三世孙田仁弼于洪武二十五年（1392 年）任思南千户所千户。洪熙元年（1425 年）革所设县，田仁弼被改授为本县土百户。

石阡长官司土百户王如昌，本司土官，建文二年（1400 年）被授为思州千户所百户，洪熙元年（1425 年）革所设县，其子显文改随司办事。石阡府龙泉坪长官司土百户冉文虎，原为思州宣慰司头目，洪武二十五年（1392 年）立功升千户所百户。石阡府龙泉坪长官司土百户何嗣昆，原任石阡长官司长官，洪武二十五年（1392 年）改任千户所百户，永乐十九年（1421 年）五世孙何文斌袭前职，拨龙泉坪长官司管事。

前述诸土百户大多是洪武二十五年（1392 年）得授土百户之职，故思州千户所、思南千户所设于永乐十一年（1413 年）正月的记载应有误，这个时间应该是“革”而非“置”。当时的“革”仅限于遣散土军，而千户、百户等流官、土官武职仍得以保留，又历十余年至洪熙元年（1425 年）才尽数裁去这两个千户所的武官与土军。此后，虽然仍有土百户职衔，却并非卫所编制体系下的土军百户单位。

此外，明代播州有千户宋氏，管辖沙溪等地，洪武十七年（1384 年）七月被授“播州承值千户指挥长官”之职。隆庆三年（1569 年），播州宣慰使杨应龙夺宋氏田庄，害宋恩等十七条人命，宋宗富赴京奏报此事。万历年间“五司七姓”讦奏杨应龙不法之事，宋氏也参与其中。洪武十五年（1382 年）正月，宋氏曾在播州沙溪筑城，并以官兵一千、土兵两千戍守其地，这说明沙溪也有过类似土军千户所之类的建置。所谓“五司七姓”是指晚明播州东南嵌入贵州的五个中小土司和七大姓氏，其中“五司”指草塘、黄平、余庆、白泥、重安五个土司，而“七姓”则是指田、张、袁、卢、谭、罗、吴七个姓氏的宗族势力。这些中小土司与地方家族在当地有重要的地位和、影响力。

# 第四章

# 调南征北

洪武时期并无行省或布政使司意义上的“贵州”概念，与此相应，元代思州、思南、播州、贵州等土司群体的势力范围曾被视作湖广的辖地。明玉珍占据四川之后，播州等地又被视作四川的范围，而八番、普定、普安、乌撒等地则属于元梁王控制的“云南”的地盘。“洪武征南”与“洪武填南”中的“南”特指“云南”而非“南方”。与“洪武征南”“洪武填南”相近的概念还有“调北征南”“调北填南”，其中“南方”“北方”的对比意义更加明显，这里的“南方”显然是包括“云南”在内的。既然有“调北征南”的概念，也就对应地存在“调南征北”的概念，其中“南”的意蕴仍以“云南”为主，却不能再仅仅强调洪武时期的历史背景。

# 一、奉调北征

洪武晚期曾发生两件影响王朝命运的大事，一件是太子朱标病逝，另一件是朱元璋逝世。洪武二十五年（1392 年），太子朱标因感染风寒病逝，使得皇权交接面临重大变故。朱元璋遂拟定朱标之子朱允炆为皇位继承人，同时为扫清朱允炆即位的障碍，再行追查胡惟庸案，又炮制蓝玉案，颁《逆臣录》昭示天下。之后，率军平定云南的主帅傅友德、重要部将定远侯王弼等也相继被杀。至此，开国勋臣宿将除了部分在辽东、西北、西南等边疆地区领兵的年龄较低、资历稍逊的将领和新生代将领，大多被清除殆尽。

## （一）宿将奉调

洪武三十一年（1398 年），朱元璋逝世，朱允炆继位，定次年年号“建文”，以彰显偃武修文之意。朱允炆为加强皇权，决定剥夺诸位镇守地方的藩王兵权，先后废周王朱橚、代王朱桂、齐王朱榑、岷王朱楩等为庶人。在此背景下，朝廷任工部侍郎张昺为北平布政使，命河南卫指挥佥事谢贵为北平都指挥使，让他们监视燕王朱棣动静，伺机擒之，押解回京。与谢贵一同赴北平任职的还有都指挥佥事张信，他将朝廷的抓捕计划泄露给燕王朱棣。朱棣得知计划后，决意在北平起兵“靖难”。

建文元年（1399 年）七月，燕王朱棣起兵“靖难”，建文帝命耿炳文为征虏大将军领兵伐燕，同时，征调“云南兵”准备北征。“云南兵”包括在云南、贵州及四川行都司领兵的都督、都指挥使等高级将领以及西南卫所的部分武官与旗军。建文帝把当时在西南任职的大部分高级将领调去征讨朱棣，这些将领大多来自贵州、云南与四川行都司。洪武晚期任职于云南、贵州、四川等行都司及所属诸卫所的主要将领，或本身属勋臣宿将，或是出任卫指挥以上武职的开国公侯子弟。他们中的大多数曾奉命调遣讨伐朱棣，或力战而亡，或被俘，或主动称臣于新君。他们多与沐氏父子过从甚密，或在平定云南等多次西南重要军事行动中一同共事，或作为部将听从过沐氏父子调遣，其中的代表有宁远侯何福，越嶲侯俞通渊，镇远侯顾成，都督瞿能、宁忠、徐凯、程暹、陈瑄等。

何福，随傅友德征云南，因功升任都指挥使，再升都督佥事。洪武二十四年（1391 年），他跟随沐英征讨云南越州阿资，并在沐英病逝之初代理云南军政。之后，沐英长子沐春统辖云南，何福又随沐春征滇西有功。在朱元璋逝世数月之后的洪武三十一年（1398 年）九月，朝廷命何福为征虏将军。之后，“靖难”事起，何福被召回京师，论功升为都督同知，率部在小河战役中增援都督盛庸、右副总兵平安。当时，何福欲用持久战耗损燕军，安营扎寨，以图固守，终因粮道被断而放弃。于是，平安决定分兵进攻燕军，朱棣派精锐骑兵困住平安。何福率军援救平安，为朱棣次子朱高煦所败。后朱棣即位，因何福是老将善于用兵，故重新起用，命其先后镇守宁夏、甘肃等地。

瞿能，瞿通之子，历任四川都指挥使。建文元年（1399 年）冬季，瞿能奉命攻北平，入张掖门，最终失败。建文二年（1400 年）四月，瞿通、瞿能、俞通渊、滕聚等来自西南的将领在白沟河力战而亡。

徐凯，长期在四川、云南等地任职。洪武二十二年（1389 年）正月，徐凯因功升任四川都指挥同知，数次随都指挥使瞿能征讨有功，后与瞿能同为中军都督府都督佥事，又共同管理四川都指挥使司军事。后“靖难”兵起，其于临清练兵。徐凯等人驻守沧州时被朱棣率军袭击，徐凯与都督程暹等都被擒获。

宁忠，寿州人。其父宁正，多次随沐英征战，先后任四川都指挥使、云南都指挥使。洪武二十九年（1396年），宁正于京师逝世，其子宁忠被擢升为前军都督府都督佥事。建文元年（1399年）七月，宁忠任征北右副将军讨燕。八月，他与顾成等被擒。

俞通渊，又名俞渊，巢县人，为俞廷玉之子。洪武二十四年（1391年）三月，俞通渊跟随出征龙海，洪武二十五年（1392年）被封为越嶲侯，于邛部州筑城，建越嶲卫。后来，俞通渊受蓝玉案牵连遭罢职，至建文元年（1399年）七月再次被起用，授为豹韬卫指挥使，八月，他领军北征，第二年四月于白沟河力战身亡。

程暹，历任卫指挥使之职，洪武十五年（1382年）正月由陕西都指挥使改任贵州都指挥使，之后主要在贵州都指挥使司任职。在边民初附、边备草创之时，程暹在文事、武备方面皆建功勋。建文二年（1400年）五月，朝廷升程暹为左军都督佥事，调遣伐燕。同年十月，他与徐凯等在沧州被擒，遂归附朱棣。

顾成，扬州江都人，征康佐、西堡、狮子孔、白石崖等寨有功，升任都督佥事。洪武三十年（1397年）三月，顾成会同何福进讨毗邻西堡的水西部落，后来又辅助楚王朱桢、湘王朱柏、征虏前将军杨文等讨五开。顾成在建文元年（1399年）八月的真定战役中被朱棣擒获。之后，他辅助燕王世子朱高炽守卫北平城，防御调度有功。“靖难”事毕，燕王即位，顾成功封镇远侯，朝廷仍命其镇守贵州。

陈瑄，合肥人，在四川某卫任职，因征战有功升任四川行都司同知。建文四年（1402年），朝廷命他负责长江防务。“靖难”兵至江上，其乘舟归降，被封为平江伯。

以上听从建文帝征召伐燕的高级将领，都在洪武晚期任云南、贵州及四川等地行都司主要军事长官。何福在沐春逝世之后任征虏将军，协助镇守云南。宁忠之父宁正与沐英是同僚兼副手的关系，他曾随沐英征越州等地。瞿能、徐凯等皆随沐春征讨有功，这些人都与沐氏关系密切。顾成在被授征南将军印前，已任职于贵州诸卫、贵州都指挥使司数十年，而程暹、陈瑄等也都是所在都指挥使司的主要军事长官，在洪武中晚期治理贵州、四川及云南等地时与沐氏过从甚密。

自傅友德征滇以来，沐氏父子相继镇守云南，西南勋臣宿将及其子弟大多是沐氏旧故。“靖难”兵起，云南之何福、瞿能、徐凯，贵州之程暹、顾成及四川俞通渊等，多奉朝廷命令调遣伐燕。沐晟在沐英已逝、长兄沐春新卒的情况下镇守云南，于朝廷而言，仍起到了稳定西南局势、提供后勤保障、抽调西南各都司卫所军事力量勠力北伐的重要作用。

## （二）官兵北征

西南各省高级将领奉调北征的同时，卫所官兵也被抽调参战了。云南及贵州自身防务甚重，且距离京师及御燕前线遥远，因此朝廷分多次调遣精悍之“云南兵”，奔赴伐燕前线。

建文元年（1399 年）下半年，朝廷发出征调西南卫所官兵的命令后，云南、贵州、四川等都指挥使司即刻组织下辖卫所官兵奔赴前线。考虑到西南各卫所自身的防御压力，朝廷的这种调动是相对克制的。从现存明代卫所武官选簿档案来看，由云南、贵州等都指挥使司下辖卫所官兵组成的“云南兵”比较成规模地参加了发生在白沟河、夹河、小河、灵璧等地的战役。

大体而言，从“云南兵”参加的战役及其时间间隔来看，他们代表朝廷征伐燕军，主要经历了建文二年（1400 年）四月的白沟河战役、建文三年（1401 年）三月的夹河战役、建文四年（1402 年）四月的小河战役及灵璧战役等。云南地处西南，考虑到调令下达、整编部队、准备军装、奔赴前线、投入战斗，然后到下一轮的军队调集等所需的时间，每次主要的战役之间大概存在一年的间隔是可以理解的。从战役发生的时间和地点来看，“云南兵”的参战时间不连续，参战地点高度集中，这应该与每次调集的军队规模有关。朝廷大概分三次调集“云南兵”，每次的规模在一万至数万人之间。第一次调集的“云南兵”集中投入白沟河战役，第二次调集的“云南兵”主要投入夹河战役，第三次调集的“云南兵”主要投入小河战役、灵璧战役。由于当时云南各地卫所自身的军事防御压力颇大，可调之兵主要来自大理、临安、曲靖以及贵州等地的卫所，他们虽大多为历经百战的精兵，但总量有限。

# 二、慷慨悲歌

《明太宗实录》记载了建文三年（1401年）三月、闰三月的军政态势。当时，朝廷虽宣称已将齐泰、黄子澄等放逐，但这只是缓兵之计，朝廷仍在集结部队，计划对燕军展开新一轮的进攻。朝廷称京畿、浙江、江西、湖广等地的官兵已经结集完毕，只差“云南兵”尚在赶来的途中。“云南兵”被单独提及这一细节，为我们研判双方军事态势提供了重要线索。

## （一）征北战役

从武职选簿零星而隐讳的记载可知，云南、贵州各地卫所官兵在北征期间，阵亡情况主要发生在白沟河战役，其次是夹河战役。而在“靖难”最后阶段较大规模的小河战役及灵璧战役中，出现了阵亡人数与归附人数近乎参半的情况。

白沟河战役发生于建文二年（1400年）四月，建文帝命统帅李景隆带领六十万人进抵白沟河，计划攻取燕王朱棣所在的北平。朝廷官兵在真定战役、白沟河战役中惨败之后，再也难以组织大军跟燕军打大兵团歼灭战了，其原因就是以“云南兵”为代表的精锐部队在白沟河战役中伤亡惨重。在白沟河战役中阵亡的“南军”将领，卫指挥级别及以上可考姓名的将领有都督俞通渊、瞿能，云南后卫指挥佥事李谦、云南右卫指挥佥事金真、临安卫指挥佥事马恭、平越卫指挥佥事王先、陆凉卫指挥佥事滕聚等。至于千户、百户之类，阵亡得更多。例如云南左卫右所副千户侯胜、右所百户陈义、中所百户刘春、后所百户张得等，云南右卫右所百户刘海、中所百户陈铎、前所百户张先等，还有陆凉卫前所副千户袁昌、平越卫左所百户刘寿及右所百户陈忠等。洪武时期，职位在卫指挥佥事以上的武官大多由勋臣子弟或战功卓著者担任，指挥级别的武官大多并不满员，卫指挥佥事经常成为卫所编制下的最高军事长官，白沟河战役中“云南兵”卫指挥职级的武官多数阵亡，可见战况之惨烈。

夹河战役发生于建文三年（1401年）三月。朝廷官兵在这场战役中惨败，伤亡、逃逸的官兵有十余万人。云南左卫前所武官楚智，力战阵亡。与楚智一同阵亡的还有庄得、皂旗张等。庄得原来是“南军”都督宋忠麾下的部将。所谓“皂旗张”，因其能挽强弓，每次临战，挥一面黑旗冲锋，在军中被称为“皂旗张”。在夹河战役中阵亡的云南卫所武官有云南左卫前所百户黄得、中左所百户李通、临安卫右所百户孙智等。

夹河战役中双方军队都遭受严重损失，朱棣上书要求朝廷撤军停止战争，建文帝罢免兵部尚书齐泰、太常寺卿黄子澄的职务，同时令朱棣也罢兵停战。此时，方孝孺等人仍然对“云南兵”寄予厚望，称各路兵马都已集结完毕，只有“云南兵”还在路上。显然，方孝孺等人所谓的“云南兵”并非已经投入白沟河、夹河等战役并且伤亡惨重的“云南兵”，而是新近从云南、贵州等都指挥使司各属卫所抽调的、正在赶赴前线的部队。这里单独提到“云南兵”，反映出朝廷对其战斗力的依赖。

小河、灵璧战役皆发生于建文四年(1402年)四月，这两次战役发生的具体时间、地点都非常接近，可视为“南军”与燕军最后一次大规模正面冲突。在小河战役中，“南军”阵斩燕将陈文，官兵士气得以提振，燕军则颇感沮丧。云南后卫右所副千户穆永及贵州都指挥使司龙里卫中所副千户侯礼等在这次战役中阵亡。在紧接着发生的灵璧战役中，燕军扭转败局，取得胜利，“南军”数万人投降，被俘虏的高级将领多达三十七人。“云南兵”在灵璧战役中的表现与此前在白沟河、夹河战役中有所不同，不仅阵亡者众多，投降燕军的也不少。除了上述多场战役，还有少数其他战役也有“云南兵”参战的身影。

## （二）卫所武官的伤亡

建文四年（1402年）七月初一，朱棣颁布即位诏书，先对“天下各都司卫所官兵”定性，认为他们都是太祖皇帝恩养的，受建文帝调遣与燕军作战也是情有可原，现一概不予追究。凡活着的武官都回原卫所去继续任职，凡阵亡、病故的武官则由子孙承袭官职。至于卫所旗军，每户赏一定的银钱，仍回原卫所。家里没有适龄男丁补役或只剩下孤儿寡母的军户，原籍州县地方应善加抚恤；家里男丁还小的就给予军粮养着，等到规定年龄再补役。换言之，不赏“南军”之功，不究御燕之过，抹去此段履历，这就是朱棣对参战军队的基本态度。运用这种不究功过、一切恢复朱元璋时期旧制的基本政策，朱棣很快从整体上稳住了全国军事系统。永乐前期，“云南兵”迎来武职承袭的高峰期，间接反映了他们在靖难之役中的伤亡情况。

云南左卫武官伤亡严重。建文三年（1401年）至永乐二年（1404年）的这段时间里，云南左卫因父兄亡故而子弟袭职的超过18例。这当中阵亡者8例，含白沟河阵亡者3例，于夹河、灵璧阵亡者各1例。从武官阵亡到子弟袭职，大概需要一年的时间。据统计，云南左卫武官在建文年间亡故的有指挥同知高琰，指挥佥事席荣，左所正千户江铎，右所副千户短答儿，前所副千户楚智，左所百户王得、李贤、葛鹏，右所百户陈义、攸斌，中所百户刘春、张凯，前所百户李万、王才、陈忠，后所百户张显名、张得，中左所百户吴雄、纪贵等。这些武官大多在白沟河战役中阵亡，也有在夹河、灵璧等战役中阵亡的。考虑到云南左卫武职选簿普遍存在记载减省、记载缺漏的情况，该卫官兵“调南征北”的实际损耗应该远远高于上述统计结果。

云南左卫中所总旗方原仲的例子，或许可以说明建文年间亡故之武官远不止选簿记载的那些。《云南史料丛刊》收有一份《云南左卫中千户所试百户方之贵承袭供状》（简称《供状》），现存云南左卫武官的承袭档案中也恰好有试百户方卿选簿，二者可相互印证。方之贵承袭供状与武职选簿记载的方氏各辈履历基本吻合。《供状》非常详细地记载了方氏一世祖方原仲的从军履历：方原仲于洪武十五年（1382年）升授小旗，洪武十九年（1386年）升授总旗，洪武三十一年（1398年）征战有功，最后在建文四年（1402年）去世。把方原仲的去世时间放在建文年间“调南征北”的时代背景中，并结合其所在的云南左卫武官大批阵亡的事实，以及他征麓川有功却并未在世袭身份上得到体现的情况，可以推测他很大程度上是因为“调南征北”亡故的。

建文年间“南军”军功多被革除。永乐朝廷对“南军”阵亡等军功情形并不会给予“职”或“役”等级方面的提升待遇。建文朝廷官兵的御燕经历无助于职役等级的提升，在官方及民间档案中并无刻意记载的必要。所以，无论是在《供状》中还是在选簿中，总旗方原仲建文年间的履历都语焉不详。

云南右卫武官伤亡也非常严重。据现存的云南右卫武职选簿统计，该卫武官亡故于建文年间者大约有28例，其中，指挥佥事1例，千户6例，余皆百户。亡故的武官中，明确记载阵亡的有16例，包括“白沟河战役阵亡”4例、“夹河战役阵亡”4例、“小河战役阵亡”与“灵璧战役阵亡”各1例。这些亡故武官的子弟大多在之后的一到两年内袭职。据统计，云南右卫阵亡的指挥佥事有金真，千户有左所程关、右所任氏、中所甄良、中所穆永、前所张旺、后所孙继，百户有左所赵贵、陈用、李志、明祥举、马麟，右所刘海、李信、汪均，中所陈铎、张贤，前所陈坚、黄得、张先，后所汪度、姚保、顾鲜、王成、苏成，中左所李通、张和、王哲等。

在上述云南右卫案例中，左所正千户程关的履历较为特殊，选簿贴黄和选条对他的记载相互矛盾。据选条记载，程关原来是总旗，建文年间升任百户、副千户，然后在灵璧升任正千户，后因病去世。据贴黄记载，程关在其父亲于甲辰年（1364年）以小旗身份去世以后补役。其于乙巳年（1365年）升任淮安卫总旗，洪武元年（1368年）因攻克汴梁、河南、潼关有功升为天城卫百户，洪武三年（1370年）因征温州沿海有功升任横海卫副千户，洪武十二年（1379年）打造船只接应广东官兵有功，升为正千户，后调入云南右卫左所，建文四年（1402年）亡故。单独看选条与贴黄记载的信息，甚至给人感觉是两个不相干的人的履历。概言之，程关服役三十余年，因军功升任百户、副千户、正千户。程关病故以后，其嫡长子程辅于永乐七年（1409年）六月袭职。朝廷将程关于建文年间所任的百户、副千户职级革除以后，考虑到他在灵璧归附有功，于是由其子程辅袭父原总旗之职，并上升一级改袭百户。程关功升百户、副千户，职级未能传袭，因灵璧归附之功又得以传袭，可见是革除了他升任百户、副千户的军功履历，因为这被认为是建文年间的军功。将程关的选簿记载与云南左卫副千户楚智的记载对比，发现相关记载要么缺失严重，要么前后抵牾，洪武中后期至建文年间的征战履历大多被隐去，似乎对于少部分的“南军”将领，朝廷并不止于革除建文年间所获军功及相应升授的职级。

统计临安、越州、云南后等三个卫的选簿，有数十例卫所武官于建文年间亡故，同样在一定程度上反映出这些卫所在“调南征北”中的损耗。

现存临安卫选簿原档分藏于北京、台北两地，北京所藏包括指挥同知、指挥佥事等级别的武官资料以及左、右、中、后、中左、右右、前前等七个千户所，新安、通海、镇姚等三个守御千户所的选簿资料，台北所藏仅后所部分选簿资料。据《中国明朝档案总汇》所收中国第一历史档案馆藏临安卫、云南左卫等选簿资料，临安卫武官在建文年间亡故者共计 18 例，含卫指挥同知、指挥佥事 3 例，左所、右所、中所、后所、中左所、前前所、右右所等各所千户、百户 15 例。考虑新安所实际上是该卫中所于正德十四年（1519 年）改置而来的，通海所实际上由该卫前前所、右右所构成，所以洪武晚期至建文年间的临安卫实际上并没有超过两个卫的编制，但该卫在“调南征北”战役中的损耗也相当严重。

据统计，临安卫建文年间病故、阵亡者至少有 18 例。其中，指挥同知有王庆，指挥佥事有马恭、李永昌，千户有左所邬福、右右所许友、前前所张嘉等，百户则有右所魏玉、郭受、吴献、邵盟，中所陈宝、后所王忠、中左所邢祯、右右所孙智，前前所崇进、邓兴、史绰等，还有归入临安卫统计的原临安护卫中所百户吴敬。

临安卫指挥同知王庆病故于建文四年（1402 年）。他原本在洪武五年（1372 年）袭豹韬卫中所副千户，洪武十五年（1382 年）征云南杉木等地，两年后因征南有功，升任龙虎卫指挥佥事，洪武三十年（1397 年）调入临安卫，建文二年（1400 年）升任指挥同知，建文四年（1402 年）病故。王庆病故后，其子王真于永乐七年（1409 年）被革除世袭临安卫指挥佥事的待遇。

指挥佥事李永昌于洪武七年（1374 年）八月任金吾卫指挥同知，洪武十八年（1385 年）任临安卫指挥佥事。李永昌去世以后，其子李灏于永乐二年（1404 年）袭职。从李灏袭职时间来看，其父很有可能也在建文年间的北征战役中去世。

临安卫是朝廷于洪武十五年（1382 年）在云南地区设立的卫所之一，同时又有洪武末至建文初由沈阳右卫迁徙而来的临安护卫的影子。交州右卫左所百户王兴，原系云南右卫后所百户，其初袭之职为沈阳右卫后所百户。又有一位名叫成贵的武官，洪武三十年（1397 年）调任沈阳右卫前所百户，永乐年间去世时的身份却是洱海卫左所百户。

综合临安护卫中所百户吴敬、云南右卫后所百户王兴与洱海卫左所百户成贵等案例，可以推测百户王兴履职经历了一段复杂的历程。建文年间，明廷将沈阳右卫改为临安护卫，后临安护卫撤销拆分并入云南右卫、临安卫。云南右卫等在永乐年间调征交趾，随后又抽调兵力设置交州右卫。明廷放弃交趾以后，相关卫所又被裁撤，而后并入原云南右卫等。同时，临安护卫将士也奉调北征，后该卫恢复沈阳右卫建置时，大部分武官被调入临安卫、云南右卫，尽管有少部分武官仍调回原沈阳右卫，但是已不构成该卫武官之主体，此后该卫多数武官是有“靖难”履历的新官。至于建文年间朝廷改沈阳右卫为临安护卫的原因，或与周王朱橚一案有关。洪武三十一年（1398年）七月，建文帝废朱橚为庶人，徙蒙化，安置朱有燉于临安。临安护卫即为安置朱有燉而设。随后，“靖难”事起，临安护卫官兵也奉调北征。

此外，临安卫有位名叫邬福的武官，他的例子或许可以作为极少数于建文年间并非因北征亡故的代表。邬福原任所镇抚，建文三年（1401年）他因为招抚土官而升任副千户，不久病故，其子邬隆于永乐元年（1403年）十二月袭父原职所镇抚。邬福以所镇抚升为副千户是因为招抚土官，这说明当时临安卫的武官并非同时、全员调赴北征前线，也间接证明建文帝调遣伐燕的“云南兵”是分批次分阶段开赴战场的。除了奉命调遣参战的官兵，仍有相当一部分的兵力留在云南抚绥地方。

越州卫设置于洪武二十三年（1390年）七月，建文年间曾裁卫改为越州千户所，故在越州卫的武官选簿中有“越州千户所”或“越州卫千户所”的记载。统计越州卫选簿中父兄亡故而子弟袭职的情况，时间在建文三年（1401年）至永乐二年（1404年）的共11例，分别是建文四年（1402年）2例，永乐元年（1403年）9例。在这些案例中，明确记载武官阵亡的有4例，越州卫左、右、前、后等千户所各1例，武官职级为副千户或百户。相较于云南左卫、云南右卫、临安卫而言，越州卫于建文年间亡故的武官数量看似较少，可能是因为当时越州卫已经改为越州千户所，其亡故武官的数量是相对于一个千户所而言的。

据记载，有一位名叫蒋嘉的副千户，原任职于越州卫前所，建文元年（1399年）因该卫被裁革，他被调到澜沧卫中右所任职。后来，蒋嘉病故，其子蒋忠于永乐元年（1403年）六月袭职，仍回越州卫前所任职。蒋嘉的案例表明，越州卫改为越州千户所应该发生在建文元年（1399年），因卫改所，建制缩编，原越州卫相当一部分职役被调往云南其他卫所。靖难之役后，朱棣否定建文时期的诸多措施，恢复洪武时期的旧制，越州卫也因此恢复原有建制。

建文三年（1401年）至永乐二年（1404年），云南后卫因武官自身亡故而由子弟袭职的有9例。其中，河南固始人戎真，因父亲戎斌任正千户多年且有功，故而升任西河中护卫指挥佥事。洪武二十八年（1395年）四月，戎真领兵前往云南设

南
東
樓

临安卫城迎晖楼（罗勇 摄）

立卫所，建文元年（1399年）改任云南后卫指挥佥事，至建文四年（1402年）亡故。云南后卫的另一位指挥佥事李谦，确系白沟河战役中阵亡，其子李济于建文三年（1401年）四月袭职。指挥佥事李谦阵亡在一定程度上证明云南后卫武官曾奉调伐燕且在战争中伤亡惨重。其余7例亡故的武官中，有副千户1例，云南后卫左、右、中、前等千户所下辖百户6例。这一数据表明，百户是卫所武官中战亡人数较多的群体。

上述云南左卫、云南右卫、临安卫、越州卫、云南后卫等因为有武职选簿档案的存在而能稍微窥见各卫武官在建文年间阵亡的大概情况。洪武晚期至建文年间，云南卫所多有调整，这种调整在朱棣登基以后“悉复其旧”。从这些保留至今的卫所档案记录中，可以一定程度了解其他部分卫所武官伤亡的情况。这些卫包括景东卫、陆凉卫、楚雄卫、云南前卫、洱海卫、云南左护卫、云南中护卫、云南右护卫等。例如，景东卫中所百户张继建文四年（1402年）于灵璧县亡故，其子张立于永乐八年（1410年）袭职归德卫中所百户。副千户张本原在横海卫任职，洪武二十一年（1388年）被发配云南金齿充军，洪武二十五年（1392年）复职，升任洱海卫中所副千户。张本阵亡后，由子张济袭职，永乐元年（1403年）调入云南后卫左所。其他如云南中护卫百户王喜、汤兴等阵亡以后，承袭者都被调到临安卫中左所；云南左护卫舍人吴福亡故后，承袭者被调入临安卫左所；云南右护卫陈章亡故后，承袭者被调入云南右卫右所；等等。这些例子表明由西河中护卫及云南相关卫所改置的岷府在滇诸护卫，其后大多被归并到临安等卫，或恢复改置之前的原卫所，这些卫所的军士也曾被调遣伐燕。

除了上述云南都指挥使司所属卫所，贵州都指挥使司下辖的相当一部分卫所也曾奉调北征，如龙里卫、赤水卫。龙里卫中所副千户侯礼，建文四年（1402年）阵亡于小河战役。

赤水卫舍人曾胜于永乐元年（1403年）袭该卫中所百户之职。他的父亲曾宣是该卫所的百户，曾被俘于某次北征之役。与之有类似履历的还有威清卫左所副千户周文兴、百户刘赟、右所百户张观、中所百户徐玉等。除了被俘者，威清卫也有阵亡者，如左所百户王文阵亡于建文三年（1401年），右所百户张谦阵亡以后，继任者因未成年循惯例得到“优给”的待遇，后所百户张荣阵亡之后继任者在永乐元年

（1403 年）袭职。

洪武时期所谓“征南”，即“征进云南”的简称，由于当时贵州布政使司尚未设置，其“云南”的概念相对宽泛，包括昆明、大理、临安，还有滇西与后来川滇黔交界区域，普定、普安以及贵州宣慰司诸地，甚至五开、古州及湖广西部大片的土司区域，在当时都被认为属于云南。云南都指挥使司与贵州都指挥使司所属卫所，曾奉朝廷调遣北伐，并在多次御燕战役中合力作战。

## （三）卫所旗军的伤亡

靖难之役后，朝廷对于有功将士的职役等级采取了维持现状的办法。具体而言，对已经升职的武官或升役的旗军，其所升职役等级“止终本身”，尚未完成职役提升手续的一概停止办理。其中，少部分的旗军在永乐以后至晚明时期，通过立战功摆脱了“役”的身份，进入“职”的阶层。对于这部分群体，武职选簿在记录其服役履历方面多有减省或缺略。但由于武职大选之时，朝廷必查总旗、小旗的功次，原则上仍会留存卫所武官在其升“职”之前升任小旗、总旗等“役”的履历，这就为我们在探讨“职”的限度内，进一步考察建文年间旗军的表现提供了可能。

云南都指挥使司、贵州都指挥使司的卫所武官奉朝廷调遣北征，在白沟河、夹河、小河、灵璧等战役中皆有表现。在这些战役中，官兵不乏阵亡、被俘的情况。然而，在卫所官兵的构成中，相对世袭之“职”而言，世充之“役”才是主体。因此，从卫所武官的伤亡情况，不难推测旗军伤亡更为严重。由于部分旗军在正统年间及之后的多次战役中，凭借军功进“职”的阶层，因此可以追溯他们在洪武时期的服役经历。例如，云南右卫潘铭，从军有功升为小旗，洪武十八年（1385 年）升为总旗，后来阵亡。潘铭的长子潘勇升任百户，但该百户之职却“止终本身”，潘勇身故以后，其继承者仍然要重新充任总旗之役。潘铭由小旗升为总旗，大概与其初征云南立功有关，而由总旗升为百户则是因为北征伐燕有功。

尽管选簿对于明初总旗、小旗的履历记载在绝大多数情况下都跟潘铭的例子一样，在旗军亡故的时间与背景上都语焉不详，但我们仍然可以从情势上做一种合乎情理的判断，即建文时期朝廷调遣北征的官兵中，旗军伤亡更为严重，只是类似潘铭这样有一定记载的旗军较少。云南左卫军役吉孝先、小旗王彦中、总旗吴荣，云南右卫军役田真童、来小公，临安卫总旗谭斌，景东卫小旗黎亚章，云南中护卫小旗贾狗儿等，可谓是御燕战役中旗军伤亡的代表。

尽管选簿对“役”的履历记载简略，大多数时候我们只能从仅存的档案资料中找到些许案例，但并不能因此否认“云南兵”为维护国家统一作出的牺牲。“云南兵”在维护国家统一的进程中付出了惨烈的代价，他们的牺牲虽然逐渐湮没于历史尘埃之中，但其家国情怀始终萦绕在后人心间。这种情怀融入了屯军后裔的日常生活，体现在他们的悲苦与喜乐之中，成为他们扎根边疆的精神力量。

## 三、沐氏危机

“靖难”功成之后，从建文四年（1402 年）七月到永乐元年（1403 年）四月，朱棣对原任云南总兵官沐晟的态度，经历了从严加防范到继续任用的变化过程。

### （一）严加防范

朱棣即位之初，以稳定全国政局为首要任务，稳定的措施包括对西平侯沐晟进行严密防范。建文四年（1402 年）七月，朱棣下达了一道关于云南的军事命令：右军都督佥事郑祥任统兵官镇守云南，云南都指挥使卢旺、指挥佥事欧庆分别担任左副统官兵、右副统兵官，遇有军情事务随机调遣。待地方局势稳定以后，郑祥留下掌管云南都指挥使司事务，卢旺、欧庆各回原卫所任职。洪武晚期，沐英及其长子沐春相继去世后，沐英次子沐晟承袭西平侯，仍镇守云南。此命令以郑祥、卢旺、欧庆等分别担任统兵官及左副统兵官、右副统兵官，显然有意削弱沐晟军权。

统兵官郑祥为南直隶合肥人，官至指挥佥事，洪武十四年（1381年）从征云南，勋绩赫然，洪武十七年（1384年）升任大理卫指挥使，颇为沐英倚重。郑祥主政大理卫十余年，善驭军士，恩威并济，在当地有非常高的威望。郑祥在云南任职多年，后升任福建都指挥使，朱棣即位以后即升其为右军都督佥事，后又命之为云南统兵官。

卢旺，扬州府仪真人，云南右卫指挥佥事卢璠之父。永乐十一年（1413年）八月，朝廷命卢璠为云南右卫指挥佥事。卢旺，原来是副千户，因为在灵璧战役中归附朱棣而升任都指挥使，后来征交趾战死。按惯例卢璠应承袭父职副千户，但朱棣怜悯卢旺战亡，特许卢璠为指挥佥事。从卢旺在灵璧归附的履历看，他原属"调南征北"军官无疑。从选簿留下的档案资料来看，朝廷军官因灵璧战役归附燕军所升职级是可以承袭的，但所升职级也被控制在两级以内，卢璠由副千户升至指挥佥事与其说是特例，还不如说是惯例。卢旺仅仅因为归附燕军就由副千户跃升为都指挥使，并且被朱棣亲自调任左副统兵镇守云南，这大概是由于卢旺在洪武时期已任副千户，后因征战有功升任都指挥佥事，又在灵璧战役中归附，故得以升职为都指挥使。

欧庆，含山人。据《云南后卫选簿》记载，他在洪武二十八年（1395年）二月升任云南后卫指挥同知，又在建文年间升任云南都指挥使司都指挥佥事，永乐二年（1404年）前后病故，其子欧玉在其病故时尚未成年。洪武二十八年（1395年）十月，明廷调遣云南后卫官兵开设广南卫，在修筑卫城时遭到广南土官侬贞佑的武力抵制，时任都指挥同知的王俊派欧庆等将侬贞佑擒拿归案，卫城得以继续修筑，事后欧庆也成为广南卫的实际负责人。欧庆原系指挥同知，建文年间升都指挥佥事，职级"止终本身"，当与卢旺相似，都是建文年间升都指挥职级且来自云南卫所的武官。由此看来，郑祥、卢旺、欧庆等都曾任职于云南卫所，且在建文年间升都指挥职级，都曾受沐氏父子节制，熟悉云南情势且在军中有较高威望。

早在朱棣任命郑祥等为统兵官镇守云南之前，沐英次子沐晟就已经承袭其父西平侯的爵位，并接受建文帝任命成为镇守云南的总兵官，时间是洪武三十一年（1398年）十二月。朱棣的新任命，似乎并没有否定沐晟总兵官的身份，却授予郑祥等统兵官的职位。从朱棣要求卢旺、欧庆等在地方稳定之后仍各回原卫所任职的安排看，此次命郑祥等担任统兵官之职应该是暂时性的，主要在于试探沐晟对自己即位的态度。

朱棣命郑祥镇守云南的同时，陆续下令整饬浙江、凤阳、荆州等各处军备。朱棣先是命令都指挥使何清前往浙江都指挥使司整肃军备，安抚人民；接着又命令都督佥事赵清前往凤阳中都留守司整肃军备，安抚人民；随后又要求前军左都督李增枝前往荆州整肃兵备，抚恤军民，并节制荆州、襄阳、瞿塘、安陆等卫。之后，朱棣又命左都督袁宇前往四川、云南整肃军备，安抚军民，并等边境稳定之后镇守云南；命令江阴侯吴高前往河南都指挥使司、陕西都指挥使司整肃军备，安抚军民，等地方安定之后镇守陕西。

在不到一个月的时间内，朱棣数次下达整饬军备的命令。浙江、凤阳地近京畿，荆州在其上游，朝局大变之后，安抚地方、巩固统治自有必要。至于西北之陕西，西南之云南，皆边防重地，整肃军备并令都督、公侯就地镇守也是迅速稳定边疆局势的必要举措。至于长江以北，淮泗、山东乃至北平、山西、辽东等地，早已有朱棣亲信控御地方，自然没有“整肃军备、安抚人民”的必要。

都指挥使何清、都督赵清、都督袁宇、江阴侯吴高等，原本都是建文帝调遣讨伐燕军的高级将领。例如，都指挥使何清在白沟河战役之初就被燕军擒获；都督赵清对朱棣的招降不予理会；都督袁宇曾邀击朱棣部将李远的军队，因为弟弟袁容是朱棣的女婿而得以免死；都督李增枝为李景隆之弟；江阴侯吴高与都督杨文共同守御辽东，多次出兵攻袭永平，因朱棣使用离间计让建文帝对其生疑，吴高被削去爵位安置于广西。显然，这批派往各地整肃军备的“南军”高级将领，或临阵脱逃、降附燕军，或被外调。

在朱棣下达都督袁宇赴云南整肃军备的命令之后，又让建文初期被贬为庶人的原岷王朱楩重返云南。此时，朝廷发布郑祥等为云南统兵官的命令不久，郑祥等人不可能这么快就能从南京赶到昆明赴任。当时，朱棣赐书岷王朱楩称：“现今，我已经派都督袁宇去云南整肃军备，镇抚一方，大小事务你都要跟袁都督商量着办。云南是中国西南边疆重地，你要带头做好表率，做一个受人尊重的朝廷亲王，让边疆民众感受到朝廷的威仪。”

朱棣先命郑祥等于云南统兵，又命袁宇整肃军备，镇守其地，再要岷王朱楩在云南与袁宇和睦相处，这种种布置的目的是削弱沐氏家族在云南的权势，反映出朱棣对沐晟持严密防范的态度。

## （二）继续任用

在下达岷王重返云南的命令仅二十天之后，朱棣对沐晟的态度就发生了显著改变，从之前的严密防范甚至削弱军权变成了给予保全并继续任用的态度。当时，朱棣了解到岷王朱楩与西平侯沐晟关系恶劣，专门赐书朱楩，称："尽管沐晟行为鲁莽，听信小人而冒犯你，罪不容诛。但是，想到他的父亲沐英曾辅佐太祖，开疆拓土，是有功之臣，我也不忍加罪。因此，我特地召他来到京师，已经惩戒过他了。他手下那些挑拨我们兄弟关系的人，定然不能轻易饶恕。云南那么重要的边陲之地，以前依靠他的父亲镇守，各民族各部落安定，都臣服于朝廷。现在，仍然派沐晟前往云南，他一定能安定边疆，安抚各族，跟他父亲在世的时候一样，不辜负太祖恩典。如果他不能改正错误，违背朝廷恩德，败坏西南大局，以后再按照国法处置也不晚。你念及沐英安定西南的功勋，就不要跟他计较啦。"

朱棣谕旨表面上调和朱楩与沐晟的矛盾，让朱楩不再追究沐晟的罪责，实际上是警告沐晟，要求他改过自新，不可辜负朝廷恩德，不可破坏西南大局。调解朱楩与沐晟矛盾后不久，朱棣就撤销了此前有关郑祥、袁宇的命令，让沐晟继续镇守云南，云南都指挥使司各属卫所皆听其节制。同时，朱棣敕谕沐晟，历数朱元璋对沐氏父子的深厚之恩，暂时宽恕沐晟冒犯岷王的罪行，希望他铭记朱元璋对沐英的再造之恩，恪守家风以求善终。

沐晟虽然人在云南，必然也时时刻刻留意京师动静。当朱棣即位的消息传至云南，沐晟只得接受现实并立即启程赴京师朝见朱棣。沐晟赶赴京师，往返的时间大概是两个月。朱棣六月进驻京城，沐晟八月至京面见朱棣。当沐晟抵京时，朱楩早已抵达并恢复王爵。在沐晟面见朱棣之前，朱棣待之以防范为主。沐晟至京以后，当他向朱棣表明竭力支持的态度，朱棣便一改此前想要架空乃至褫夺其军权的想法。前述朱棣赐书朱楩称已经召沐晟至京并惩戒过他，所谓的惩戒应该是以朱棣的警告和沐晟的相关承诺为主。对于朱楩告发沐晟谋逆之事，朱棣已无意深究，且随即下达让他继续镇守云南的命令。沐晟干犯朱楩在建文初，朱楩奏沐晟谋逆在朱棣即位初，前者正当朝廷削藩之时，后者正是朱棣恢复洪武时期旧制之际，时移势易，二人交恶实乃皇室政治斗争大背景下衍生的结果。

实际上，沐晟与朱楩的关系，反映了沐氏与朝廷的关系。靖难之役结束前，沐氏属于朱元璋—朱标—朱允炆一系的坚定支持者。靖难之役后，沐晟不得不承认朱棣登基的事实，转而支持朱棣。沐晟对于朱棣与朱允炆的私谊或有不同，但他所代表的云南将领忠于国家，并为朝廷镇守云南的意义其实是一致的。

建文四年（1402 年）九月底，朱棣命顺昌伯王佐到云南辅助沐晟，此人早期的履历已无从知晓。在朱棣兵临京师城下的时候，王佐配合燕军打开京师城门。当时，朱棣对沐晟、朱楩皆不尽信任，王佐开金川门而得任用，朱棣命之赴滇，兼有监视、钳制沐氏及朱楩之意。永乐三年（1405 年）八月，王佐因镇守云南期间因滥用权力被定罪下狱。至于朱楩，其在永乐元年（1403 年）因所为不法受到处罚，朝廷更是撤掉了他的三个护卫，将其护卫归并到已设的云南各卫。

永乐元年（1403 年）四月，朱棣给予沐晟从土人总旗中选拔百户的权力，同时严厉警告他："以前你父亲沐英在世的时候，太祖命令他镇守云南，他恪守臣道，能够使边地民众心向'中华'，军民安居乐业，朝廷不用担心西南边疆的事情。你的哥哥沐春继承父业，边境也非常安定，这些你都是知道的。现在，你不能恪守父兄教导，导致士兵不得休息，百姓无暇耕种，政事烦扰，号令纷更，远近嗟怨，真是让你父兄蒙羞啊！你应该加以警惕，秉持太祖的治滇纲领，效法你父亲的治滇策略，安抚军民，为国尽忠，为家尽孝，做到忠孝两全。"此时全国大局已定，这道诏令要求沐晟做到忠孝两全，当中称沐晟不让官兵休息，百姓不能耕种，使父兄蒙羞的批评非常严厉。

在靖难之役期间，"云南兵"奉调出征，先后参加发生于白沟河、夹河、小河、灵璧等地的多场战役。在这些战役中，"云南兵"损失不小。因此，靖难之役结束后，整顿卫所建置、补充兵力成为沐晟面临的重大困难。沐晟不仅要处理靖难之役之后军队的整编、回调与兵力恢复等工作，还面临朱楩护卫几经置废的反复情况，以及滇西治理的困境等。鉴于此，朱棣在依靠沐氏主持云南军政并适当赋权的同时，也对沐晟提出严厉警告，要求他尽快恢复边疆秩序，稳定云南地方局势。

## （三）卫所的变动

洪武末期至永乐初年，云南卫所及武职调整频繁。从选簿反映的情况看，主要体现在云南后卫、临安卫、越州卫。这一时间云南卫所变动多与岷府兴废相关联。洪武末期，岷王朱楩入滇；建文时期，朱楩被贬为庶人；永乐朝时，岷府复置，不久后又革其护卫，朱楩移镇大理为汝南王，之后又徙至湖广武冈州。这一系列变动，相应地导致云南部分卫所置废频繁。

岷王朱楩原封地在陕西岷州，设有西河中护卫。洪武二十六年（1393 年），朝廷调长沙卫官兵至云南置云南中护卫，提前为朱楩移封地于云南做准备。洪武二十八年（1395 年）九月，朝廷诏令改西河中护卫为云南中护卫，调指挥同知贺安掌之；改云南左卫为云南左护卫，由指挥佥事王福掌之；改云南前卫为云南右护卫，由指挥佥事李谦掌之。数日后，朱元璋认为云南左、云南前等两个卫的官兵长期在云南，已经习于征战，如果改为护卫，云南都指挥使司就难以调遣这部分兵力，于是要求恢复这两个卫的原貌。对于云南左、云南右两个护卫，朝廷命改马隆卫为左护卫，并调用越州卫官兵补充人员缺口，同时将景东、蒙化两个卫合并。这三个护卫在建文初被废，不久因朱棣登基而复设，又于永乐元年（1403 年）九月再度被废，改为云南中、云南前、云南后等三个卫。

云南中护卫设置之时，朝廷调指挥同知贺安掌管卫事。贺安为湖广安化籍贺兴隆之子，洪武年间任云南前卫指挥，他持重有为，筑城浚隍，治理得当。从贺安筑城浚隍的事迹来看，他任职云南前卫应当在调任云南中护卫之前。据选簿记载，李济原是云南后卫世袭指挥佥事李谦的嫡长男，建文三年（1401 年）四月，李谦于白沟河战役中阵亡，李济袭本卫指挥佥事。该云南后卫由原岷府右护卫废置后改置而来。岷府左、岷府右两个护卫初置之后不久又反复，最终恢复为云南左卫、云南前卫原来的建制，原因是岷府护卫难以受到都司系统的调遣，而其他护卫官兵主要以马隆卫、景东卫或蒙化卫的为主。这几个卫都是洪武二十三年（1390 年）新设立的，

蒙化卫城（罗勇　摄）

其旗军大多是从湖广地区垛集而来的民丁，与同一时期云南、贵州及湖广地区新开辟的卫所情况相似。

建文初期，岷府诸护卫因岷王被贬为庶人而被相应裁革，其护卫官兵也从难以调动的王府护卫，变成了都司衙门可以随时调遣的普通卫所军士。因此，选簿中原掌管云南右护卫的指挥佥事李谦，随后就成为云南后卫在白沟河阵亡的指挥佥事李谦。大体来说，诸如武职选簿之类的官方档案，对于洪武二十八年（1395 年）至永乐元年（1403 年）期间，涉及云南岷府等王府护卫置废卫所的武官职衔的记载是较为混乱的。比如，既有如楚智之类的御燕悍将，在洪武晚期至建文年间所升职级被一概省略的情况；也有如指挥佥事李谦，档案直接记载其于永乐元年（1403 年）九月被革除之后的职名的情况。总之，从洪武二十八年（1395 年）岷王配置岷王左、岷王中、岷王右三个护卫，至永乐元年（1403 年）九月朝廷废除这三个护卫，改为云南中卫、云南前卫、云南后卫，云南卫所因岷府护卫置废与靖难之役的影响而处于频繁变动的状态。

## 四、西南藩篱

前述建文四年（1402 年）七月，朱棣命郑祥、卢旺、欧庆等担任统兵官镇守云南，而郑祥等三人本身就是原“云南兵”中的重要将领。实际上，朱棣继续任用原“云南兵”将领都指挥职级以上的流官并非个例。从留存至今的云南卫所选簿来看，这类将领还有曹胜、万中、刘英、何琪、王俊等。

曹胜，南直隶凤阳府寿州人，早期履历不详，建文年间升任都指挥佥事，于灵璧战役中归附朱棣，实授为贵州都指挥使司都指挥佥事。他病故后，嫡子曹荣因其归附之功得以升两级，任临安卫指挥佥事。

万中，湖广黄州府黄陂县人，原任临安卫世袭指挥同知，建文年间任云南都指挥使司都指挥同知，病故。其嫡子万宾仍袭原职指挥同知，回临安卫管事。

刘英，南直隶凤阳府寿州人，原袭宝庆卫正千户，因初征云南有军功，升任云南右卫世袭指挥佥事，建文二年（1400 年）升任指挥同知，建文三年（1401 年）升任都指挥佥事，建文四年（1402 年）实授云南都指挥使司都指挥佥事，病故。其嫡子刘镇于永乐六年（1408 年）十一月袭父原职都指挥佥事，调入云南后卫。前述万中、刘英分别于建文年间任云南都指挥同知、都指挥佥事，又都因为病故而让嫡子万宾、刘镇等袭回原职。

何琪，南直隶和州人，系德兴翼元帅何铭亲侄，洪武二十六年（1393 年）调入越州卫为指挥佥事，洪武三十一年（1398 年）升任辽东都指挥使司都指挥同知，后因事降为百户，于永乐二年（1404 年）身故。其子何永龄于永乐三年（1405 年）袭越州卫指挥佥事。何琪曾跟从沐春、何福等在洪武二十七年（1394 年）十一月征讨越州阿资。武职选簿只记载何琪去世，《明太宗实录》有更详细的记载。《明太宗实录》记载，时任刑部尚书的郑赐奏言何琪不修边备，贻误军机，按律当斩。朱棣认为边关守将必须重视军备，万一守备不严，误事非轻，何琪不能尽心边事，导致地方受到侵扰，必须明正其罪以戒将来，于是治罪如律。

王俊，庐州府合肥县人，从洪武中晚期至永乐早期，先后在云南都指挥使司任职二十余年，军政事务处置得宜，因此颇有声望。洪武十五年（1382 年）二月，王俊任云南都指挥使，洪武二十二年（1389 年）任云南都指挥使司都指挥同知，率领云南后卫官兵到云南布政使司广南府治地筑城建卫。建文四年（1402 年）十二月，王俊再升任都指挥使。永乐元年（1403 年）八月，王俊之子王信替其任卫指挥使之职，调入临安卫。同年十二月，王俊以年老为由向朝廷请求准其致仕，得到朝廷批准。不过此后的一段时间内，他仍继续在云南都指挥使司发挥作用，曾于永乐三年（1405 年）三月跟随云南都指挥使司事都督佥事郑祥带着陆凉、越州、洱海等共 17 个卫的武官赴京师贡马。王俊在洪武时期任职云南都指挥使、都指挥同知十数年，至永乐时期仍得到重用，应该与其主动承认朱棣的统治地位及谦抑的态度有关。

云南左卫指挥同知高山，建文四年（1402 年）七月被任命为河南都指挥使司都指挥佥事。永乐元年（1403 年）三月，因宁夏总兵官左都督何福奏请，高山带

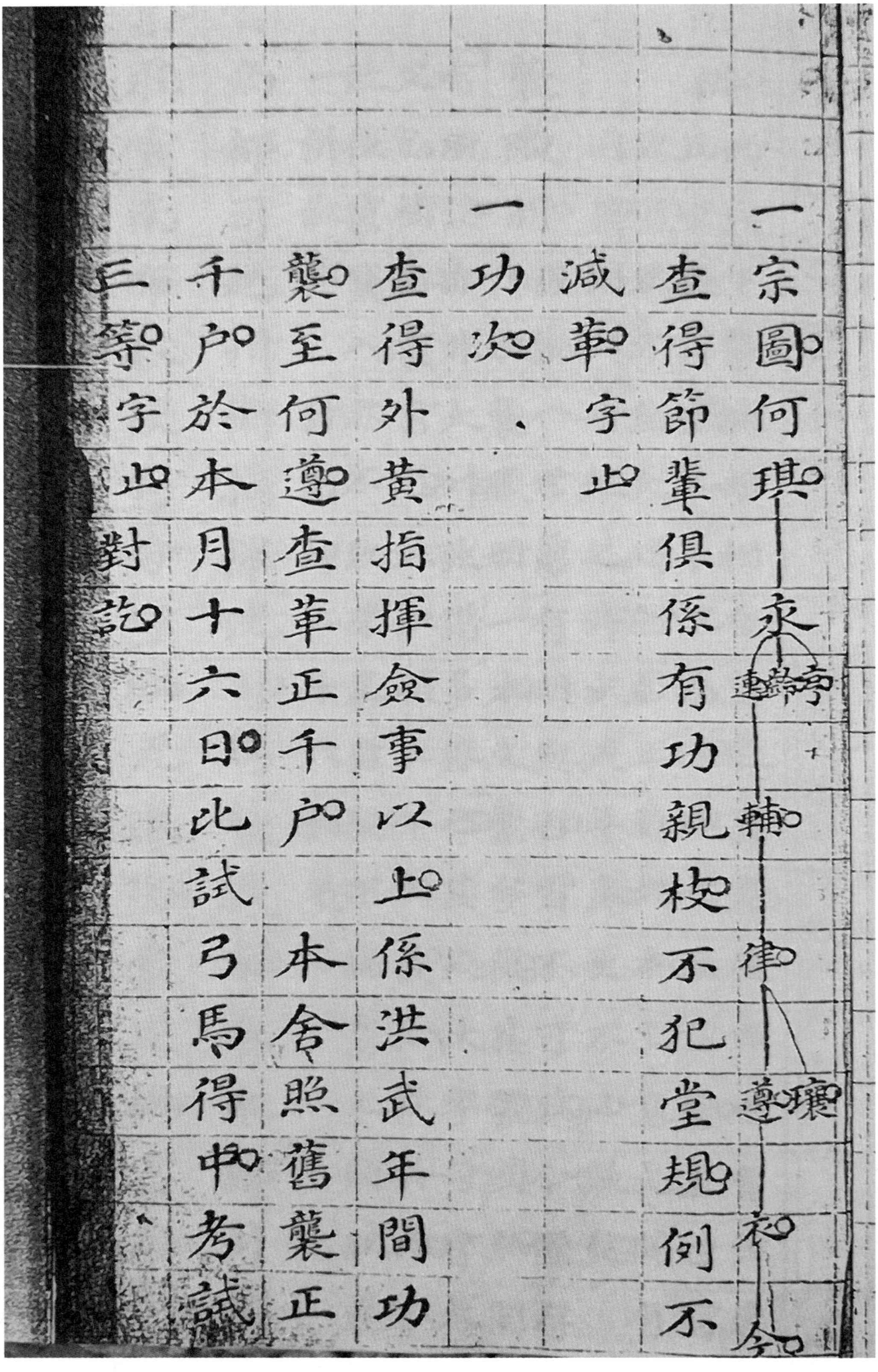
一宗圖何琪
查得節輩俱係有功親枝不犯堂規例不
減革字止
一功次、
查得外黃指揮僉事以上係洪武年間功
襲至何遵查革正千户本舍照舊襲正
千户於本月十六日比試弓馬得中考試
三等字止對記

明代越州卫指挥佥事何氏供状（何林　提供）

领骑兵一千五百人赴宁夏听用，之后再调回河南都指挥使司负责都司事务。都督何福在洪武时期曾长期任职于云南，跟随沐氏父子征战有功，后奉建文帝调遣北征朱棣，于小河战役中被燕军俘虏。高山原为云南左卫指挥同知，因此何福知其可用。朱棣升高山之职并调之到河南都指挥使司任职，或兼有分化原“云南兵”将领力量之意图。

大体而言，朱棣对建文年间得以升任的来自云南都指挥使司或云南主要卫所的卫指挥之类的主要武官，大多保留其原有职级，继续任用。在任用过程中，朱棣对于诸如何福、杨文等知名宿将仍然稍有顾忌，对于诸如何琪、万中、刘英等时任都指挥而没有主动归附之迹的武官的信任也有限。

当然，从现有史料来看，并非所有云南卫所官兵都因奉调北征而卷入靖难之役。例如，建文元年（1399 年）朝廷裁减越州卫改置越州千户所时，原越州卫部分官兵就被调到澜沧卫，这些被调到澜沧卫的官兵就未必参与过北征。

总的来说，“靖难”兵起，西南功臣宿将多奉建文帝调遣北征伐燕，诸如何福、瞿能、俞通渊、徐凯、宁忠、陈瑄、程暹等，或陷阵而亡，或临阵而降，或见事不可为而归顺，多数都属于御燕将领中不可忽视的力量。沐英、沐春、沐晟等先后镇守云南，与这些功臣宿将多有交集，其中沐晟的态度至少在战争初期起到了相当关键的作用。沐晟在稳定西南局势的同时，从云南及贵州诸卫所中抽调兵力支持建文帝，在白沟河、夹河、小河、灵璧等战役及早期围攻燕军的多次战役中都发挥了相应的作用。“云南兵”几乎成为建文帝与燕军作战最精锐的军事力量，他们一批又一批地奔赴北方战场，沐晟在其中调度、保障后勤之功不可低估。

鉴于沐晟鼎力支持建文朝廷的态度，以及“云南兵”在多次御燕战役中对燕军的有效打击，朱棣在“靖难”功成之初，对沐晟采取了严加防范甚至想要夺其军权的态度是可以理解的。不过，在沐晟以最快速度赶赴京师拜谒朱棣之后，朱棣的态度随之发生转变，从防范、警告转变为继续任用。从洪武晚期到永乐时期，岷王朱楩起伏的命运变化及其与沐氏恶劣的关系，实际上集中体现了朝廷与宗室诸王、沐氏与朝廷之间的关系。处于西南偏远之地的云南沐氏，凭借其手握重兵的军事优势，积极参与建文帝征讨燕王朱棣的多次战役。当明白大局已定时，沐氏又迅速转变态度支持永乐帝，从而稳定了西南局势，维护了国家统一。沐氏恪尽职守，通达大义，其捍卫地方稳定、维护国家统一的大局意识与家国情怀，值得给予充分的理解与肯定。

演绎家国情怀的地戏表演（吕燕平　摄）

# 第五章

# 贵州建省

沐英镇守滇，顾成镇守黔，皆有功于国者。顾成以武力裁废思州宣慰司、思南宣慰司，划其地为八个府，又整合贵州宣慰司与安顺、镇宁、永宁、普安等地，建置贵州布政使司，其辅助开设黔省之功不输沐英镇守滇南之业。

# 一、田氏改流

云南至湖广交通线路的发展可以视作贵州省级政区逐渐形成的肇因。由元迄清，贵州省制形成大约可分四个阶段：元代八番顺元宣慰使司治地成为水西、水东、八番等三大土司集群交汇之地，明洪武时期贵州都指挥使司作为省级军事辖区的形成，明永乐年间思州宣慰司、思南宣慰司改流与贵州布政使司的设置，明万历至清雍正时期播州改流并最终划入贵州布政使司管辖。其中，思州宣慰司、思南宣慰司改流是贵州建省的直接动因。

## （一）顾成再返贵州

建文三年（1401 年）九月，朱棣在前期向各地派驻勋臣宿将稳定各地军政大局的基础上，大力调整中央五军都督府、各省都指挥使司的军事主官。例如，任用都指挥同知陈旺为贵州都指挥使。陈旺原为燕山中护卫武官，立战功升为世袭指挥同知。朱棣登基后改燕山中护卫为羽林前卫，其被任命为贵州都指挥使。陈旺被任命为贵州都指挥使之后不久便去世了。与陈旺前后被任命的贵州都指挥使司主要军事官员还有都指挥同知李任、陈全、吴浩及都指挥佥事俞让、李政等。

建文三年（1401 年）十月，朝廷命镇远侯顾成镇守贵州。顾成自洪武八年（1375 年）由成都后卫调入贵州卫，至洪武三十一年（1398 年）调回京师，历任贵州主要军事长官二十多年。在靖难之役期间，顾成随耿炳文御燕，于真定战役中被擒，遂降朱棣，辅佐朱高炽守卫北平城。此次顾成回贵州任总兵官，主要任务是整顿军备、安抚民众、维护政治稳定，推动贵州军政设施的制度化建设。

首先，维护政治稳定。朱棣兵临京师城下，随即城门洞开，宫中起火，建文帝下落不明。现今很多地方都有关于建文帝的游踪遗迹及相关传说。顾成回贵州的主要任务不是探寻建文帝的去向，而是迅速稳定当地局势，安抚各方人心，确保明朝的统治秩序得以稳定延续。

其次，整顿军备。“靖难”期间，建文帝多次从包括今贵州部分地区的云南调遣官兵讨伐燕军。例如，平越卫等在“调南征北”的多次战役中遭受损失。顾成再次调回贵州任职，重要工作之一就是整顿因靖难之役而稍有废弛的军备，抚平卫所官兵因北征造成的战争创伤。

再次，安抚民众。顾成在随傅友德等参加平定明夏的战争后，因贵州卫设置而被调往贵州卫任职。傅友德平滇后，顾成任普定卫指挥使，历任贵州都指挥同知，又以右军都督府都督佥事的身份充任总兵官，征讨五开等处。顾成在耿炳文麾下北征时年事已高，贵州地方势力以为顾成不会再返回任职，于是劫持卫所官兵，阻碍道路，地方局势变得紧张起来。顾成再度赴贵州上任后，贵州局势又稳定下来。

顾成废除建文时期的一些政治措施，在恢复旧制的名义下重新考量并认同洪武中期以来形成的土司格局。例如，对建文时期设置的贡宁安抚司，顾成认为贡宁安抚司所在地交通位置重要，并没有遵从旧制撤销其建置。贡宁安抚司地曾置湘满等驿，并由该安抚司承担驿站所需马匹、物资，又每年给普安军民指挥使司输送粮食三千石，因此仍有存在的必要。于是，顾成仅仅通过更名来否定建文时期合理的军政设施，即改贡宁安抚司为普安安抚司。顾成复设古州、龙里、欧阳、湖耳、中林验洞、八舟、曹滴洞、潭溪、福禄永从、洪州泊里、亮寨、新化、赤溪湳洞、西山阳洞等十四个蛮夷长官司。这些地方在洪武初期设有长官司，后来因地方动乱，民生凋敝，建文年间因北伐所需，驻扎其地的军队被撤走。顾成再赴贵州，招集民众恢复生产，奏请复设长官司，仍以土人为长官，快速稳定了地方的社会秩序。顾成奏请朝廷命康佐长官司每年仍到普定卫缴纳秋粮。该长官司最开始在普定卫缴纳秋粮，数年后被改到安南卫纳粮，后又恢复在原普定卫缴纳。康佐长官司治所位于今紫云苗族布依族自治县西南，民众背粮食至普定卫往返需两日，至安南卫往返需半个月之久，为方便民众纳粮，仍改回旧制。

在顾成返回贵州一年后，朱棣专门赏赐顾成银钱若干。朱棣跟身边近臣讲：“我如今只希望年岁丰稔，百姓安宁。近日顾成进言，说当前最主要的工作就是维持和平，巩固国防，我非常同意他的观点。顾成稳重老成，不是故意挑起边地争端以博取军功爵位之辈，因此我要专门嘉奖他。”在顾成再次返回贵州任职的第六个年头，朱棣再召其还京，有意要他辅佐太子朱高炽，顾成仍坚持要返回贵州镇守。永乐六年（1408 年）六月，顾成刚回贵州就接到朝廷命令，要求他率领贵州都指挥使司官兵及泗城州土兵平定播州等处动乱。其实，顾成再次返回贵州之后，心态已稍有变化，对于地方变乱事件，更多采用了军事手段，为此还受到朱棣的告诫。

## （二）田氏内附

元朝时期，田氏土司的势力渐渐增强。元至元十四年（1277 年），思州田谨贤归顺元朝，得改授思州军民宣抚使，随后迁治于龙泉坪。数年后，朝廷改思州宣抚司为思州宣慰司，并建治于清江城。清江城扼守黔东要道㵲阳河，思州田氏土司势力迅速发展，控制了当时贵州大部分地区。

元至正二十二年（1362 年），镇远州知州田茂安降附四川明玉珍，因为镇远位于思州的南部，因而设置为思南道都元帅府，设衙门于今黔东南苗族侗族自治州镇远县都坪镇，元思州至此分裂为思州、思南两大势力。

元至正二十四年（1364 年），朱元璋势力逐渐控制陈友谅汉政权的统治区域。随后，朱元璋的势力逐渐拓展到湖广行省西部、南部边缘地区，即辰州、沅州、靖州、宝庆、武冈一带。在元朝及陈友谅余部大势已去、四川明玉珍政权近在重庆的情况下，元思南宣慰司与思州宣抚司面临承认明夏政权还是朱吴政权的难题。

思南宣慰司宣慰使田仁智率先承认朱元璋的统治。元至正二十五年（1365 年）六月，田仁智派遣都事杨琛归顺朱元璋，上缴告身。对此，朱元璋非常高兴，表彰田仁智道：“你虽然是边远地方的人，能看清元朝终将被群雄推翻的天下大势，率先前来归顺我，这是非常值得肯定的。那你就继续担任思南道宣慰使吧。”同时，代替田仁智赴金陵面见朱元璋的原都事杨琛，也被授予思州等处宣抚使兼新军万户的职位，并获得一枚标识三品官员身份的银质印章。

在此之前，田仁智之父田茂安因不满堂侄田仁厚的统辖，将镇远、思南等地献给明玉珍，被授为思南道宣慰使、都元帅。田茂安的儿子田仁政、田仁智、田仁美等也各有职位。这引起时任元思州宣抚使田仁厚的愤恨，遂率兵攻破龙泉坪，田仁政、田仁美等不敌，皆战死。田茂安病亡后，田仁智得袭思南道宣慰使职。朱元璋平定陈友谅后，田仁智遂遣都司杨琛为使，归顺朱元璋，仍得授思南道宣慰使。

见田仁智率先寻求朱元璋势力的支持，朱元璋势力已基本控制湖湘各地，并将军队推进到辰州、沅州一带，经过权衡以后，原来称臣于陈友谅的思州宣抚使兼湖广行省左丞田仁厚也派其都事林宪、万户张思温等赴金陵，向朱元璋称臣。田仁厚的官职得以提升，并献其所辖镇远、古州军民府以及务川、邛水等县。田仁厚所领之地包括今务川、沿河、凤冈、黎平、三穗、镇远等。于是，在今贵州东部毗邻湖南西南一带，曾并存两个宣慰司级别的田氏土司机构，二者在很大程度上形成竞争关系。在思南宣慰司、思州宣慰司的带动下，辰州、沅州、 靖州一带的土官也纷纷归附朱元璋。

随着明朝建立，思南、思州两个宣慰司与朝廷的臣属关系也稳定下来。大体上，思南宣慰司管辖德江、沿河、印江、施秉、三穗、镇远、铜仁、江口、万山、松桃等地和重庆酉阳部分地方；思州宣慰司管辖岑巩、玉屏、石阡、凤冈、黎平、锦屏、从江、榕江等地。思南宣慰使、思州宣慰使按规定遣人赴金陵进贡成为常态。

洪武九年（1376 年）八月，思南宣慰使田仁智得以面见朱元璋，返程途中行至江西九江龙城驿病卒。之后，思南宣慰使这一职位由田大雅承袭。田大雅之后，其子田宗鼎于永乐年间任宣慰使，后朝廷裁撤思州、思南两个宣慰司，田氏世袭职位的特权也相应被废除。思州宣慰使田仁厚承袭父职后，管思州八万军民事宜，归顺朱元璋后，任思州宣慰使，洪武二年（1369 年）去世。之后，田弘正于洪武五年（1372 年）袭职。田弘正去世后，其子田琛于洪武二十年（1387 年）袭职。至永乐十一年（1413 年），贵州布政使司设立，思州宣慰司被废，田琛也被明廷禁锢。

## （三）内讧与改流

今日的贵州版图在元朝后期大概分属湖广、四川、云南三个行省，当时的八番顺元宣慰司治地实为水西、水东、八番等三大土司集群的接合部。洪武时期，朝廷先后设置贵州卫与贵州都指挥使司，原治地遂为卫城与都司城驻地。元云南梁王被平定后，形成贵州宣慰司、播州宣慰司隶四川，思州宣慰司、思南宣慰司隶湖广，普定、普安、镇宁等地隶云南的局面。

思州宣慰司、思南宣慰司辖境长期被地域性势力田氏家族掌控。元末群雄并起，田氏家族不得不在明夏、陈汉及控制湖湘地区的朱元璋等各股势力之间做出选择。在此背景下，田氏家族分裂为思南田氏与思州田氏两大势力。明朝建立后，朝廷也相应地承认了两大宣慰司对各自实际控制地域的统治权益，思州宣慰司、思南宣慰司与朝廷之间保持着相对稳定的朝贡关系。

洪武十八年（1385 年）四月，思州等地发生动乱。动乱平息后，明廷设置五开卫驻守当地。洪武三十年（1397 年）三月，古州林宽等起事，明廷先后命都指挥齐让、左都督杨文等率领卫所官兵征讨，事平之后又增设铜鼓卫驻守当地。实际上，林宽等起事之地仍在五开卫的军事辐射范围内，属于原思州宣慰司统辖之地。

永乐九年（1411 年），思州宣慰使田琛与思南宣慰使田宗鼎构怨，战事不断，朝廷多次调停无效，最终裁撤思州宣慰司和思南宣慰司。朝廷认为可设府州县来管理原思州宣慰司、思南宣慰司下辖的三十九个长官司，而这些府州县又可以由布政使司来统辖。至于原来的长官司及其劳役、田赋、课税等制度，一切仍旧。

经朝臣夏原吉等商议，最终提出将原思州宣慰司所辖二十二个长官司设置为思州、新化、黎平、石阡四个府，思南宣慰司所辖十七个长官司设置为思南、镇远、铜仁、 乌罗四个府，原镇远州、务川县也各随地分隶的方案。同时，朝廷认为仅以原思州宣慰司、思南宣慰司所辖之地并不足以设置布政使司，便又以原水东、水西与八番等三大土司集群的交界之地——贵州宣慰司城为新设布政使司的附郭之地。于是，以贵州宣慰司城为附郭的贵州等处承宣布政使司得以设立。

贵州布政使司总领前述思州、思南等府之外，还与贵州都指挥使司共同管理贵州宣慰司。朝廷任命行人蒋廷瓒、河南左参政孟骥为贵州右布政使，改任河南右参

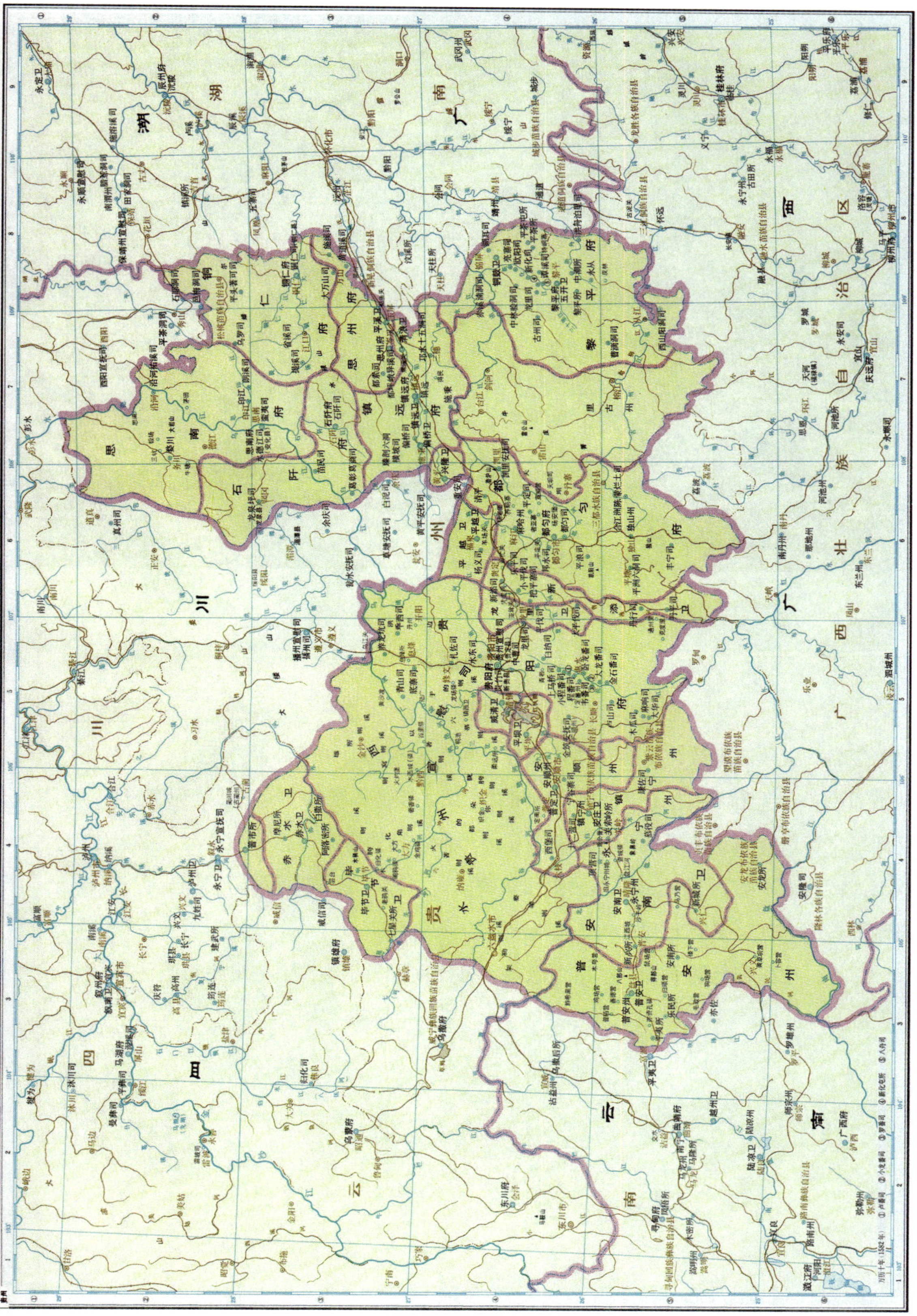

明代贵州政区图（图片来自《中国历史地图集》）

政陈俊名为贵州右参政，山西左参议王理、河南按察司副使张翥等为贵州左参议，副使邹锐、佥事丘陵、进士周宗保为贵州右参议，授进士崔彦俊、王恭等为府州官。蒋廷瓒之所以能成为首任贵州布政使，是因为他曾勘察思南、思州冲突案，对当地风土人情较为了解。由此，早期的贵州布政使司，形成了布政使司官属用流官，八府以下参用土官，“上土下流、土流参治”的管理框架。

综上，按照朝廷的安排，思南宣慰司、思州宣慰司相继改流，贵州布政使司得以设立。

普定县马官镇玉官屯春景（李立洪　摄）

## 二、命运抉择与家族记忆

洪武二十五年（1392 年），太子朱标病逝，这成为之后朝局变动的重大诱因。六年后，朱元璋逝世，朱允炆即位。建文帝朱允炆采取激进措施削弱宗藩军权，尤其是针对燕王朱棣的行动，最终引发了靖难之役。

“靖难”兵起，凭借军功起家的明初勋贵集团，在这场皇室内部权力之争中，必须做出各自的政治选择。之后，朝堂易主，这场斗争胜负背后，实际上是军事勋贵集团整体选择的结果。起初，长期负责贵州都指挥使司主要军政事务的顾成、程暹等皆奉调伐燕。但在此之后，程暹的相关事迹在史料记载中渐趋稀少，其声名逐渐湮没于历史中。与之形成鲜明对比的是，顾成在政治、军事等方面的作为持续影响着西南地区的局势，因而其去世后被赞誉为“功盖南邦第一家”，对贵州历史产生了深远影响。

## （一）公开的顾氏

永乐十二年（1414年），后军都督府右都督镇远侯顾成逝于贵州。一般情况下，在西南、西北各地镇守且有朝廷封爵的勋臣武将及承袭爵位的高级武官，身故之后可葬入朝廷指定的墓地，或葬回老家，以享受后人供奉。依据当时的礼制，朝廷会派一名将领护丧至京师，然后商议埋葬地点。接着在京城或老家治丧，皇帝亲自或派代表前往祭奠。礼部的一众朝臣议定谥号、追封爵位等事宜。丧礼完毕后，逝者的家人须要赶赴京师谢恩，朝廷相应地确认逝者的爵位继承人。

顾成去世后，遗体转运到金陵，朝议定谥号“武毅”，追封为“夏国公”，葬于扬州城南。葬毕，丧主顾勇、顾兴祖等赶赴京师向朱棣谢恩。顾兴祖作为嫡长孙得以承袭镇远侯爵。像顾成这样深得朝廷眷顾的重臣，按照惯例死后可请部院主官或馆阁之臣撰写神道碑与墓志铭，刻石勒碑以供后人瞻仰。明代大学士杨士奇、金幼孜等都曾分别为顾成撰写过传记类的文章，这两位明代文人的文章回顾了顾成一生的经历：

顾成，字景韶，于元朝至顺元年（1330年）十二月十六日出生于江都一个叫笊篱湾的地方。其祖先是湖广湘潭人，曾祖顾百四、祖顾千二、父顾万一，都是百姓出身。祖辈、父辈为谋生计，往来于江淮一带，在大运河沿岸贩运官民日常生活物资。经数代人寓居江都，积累起一定的财富之后，最终定居江都笊篱湾。

顾成自幼机警，坚持习武，身材魁梧，有臂力，熟悉水性，精通骑射。稍大一些，家里又送他去读书。有一次，顾成等人押运粮食、食盐之类的物资去元大都。晚上，遇到十多人持械抢劫，一众船夫、水手惊慌失措，顾成临危不惧，带领六名护送物资的人员将劫匪赶跑了。从元大都返程回扬州时，顾成发现江浙各地已集聚了众多义军。

当时，江浙、江西、湖广等行省已有义军起兵反元。大浪淘沙之后，仅剩下陈友谅、张士诚、朱元璋等少数相对强大的势力。顾成早期应该是张士诚的部下，但是，顾成认为张士诚势力难成气候，而朱元璋的军队纪律严明，极力保护老百姓，最终一定能够成事，于是从扬州来归附朱元璋。

顾成归附后的次年，朱元璋命元帅缪大亨等率师夺取扬州，顾成随军。因担心母亲周氏的安危，顾成遂自告奋勇去游说扬州城守将张明鉴，使之向朱元璋投降。顾成来到扬州城，张明鉴等设宴招待，因双方意见不合，和议不成，张明鉴打算杀掉顾成以免泄露城内信息。觉察到张明鉴等人的恶意，顾成以上厕所为由，逃到城内母亲的住所，接上母亲乘马车逃出城去。之后，缪大亨等整军攻城，张明鉴等不支，只得投降。

此后，顾成先后跟从徐达攻取常州、宁国、江阴等张士诚势力控制的城市，随即又参与了龙湾战役。之后，他跟随常遇春取襄阳，克泰州，留守兴化。至正二十六年（1366 年），顾成参与攻下苏州，立有战功，升任金吾卫副千户。次年，朱元璋从汴梁返回金陵途中，所乘之舟搁浅于淤泥中，一众篙师齐力划桨无果，顾成脱下衣服跳入淤泥中，用肩顶舟出淤泥，因此获授坚城卫指挥佥事。

顾成升任坚城卫指挥佥事之后，有了独立统兵开展军事行动的权力，随即领兵攻取河南信阳、唐州等地，俘获妇女数百人。顾成并没有把这些妇女尽数婚配给麾下单身军士，而是尽力帮助她们寻找家人。

明夏政权被平定后，顾成任成都后卫指挥佥事，总理该卫军政。洪武六年（1373 年），顾成率兵至重庆，擒获首领王玄保及万户李邦祖等。洪武八年（1375 年），顾成被调入贵州卫，时年四十余岁。贵州卫建立后，早期的主要将领先后有指挥同知纪雄、指挥佥事张岱与指挥同知胡汝。胡汝因在贵州卫屡立军功，于洪武八年（1375 年）八月升任武昌都卫都指挥使。张岱于洪武九年（1376 年）七月逝世。继胡汝、张岱之后，顾成成为贵州卫的军事负责人，领兵攻破瓮蓬、洛邦、洪边、乖西等寨，迫降土司王万全。自此，顾成在贵州声名大噪，升任贵州卫指挥同知。

洪武十四年（1381 年），明廷命将出征云南，顾成因熟悉贵州而成为傅友德征南部队中不可或缺的将领。洪武十五年（1382 年）四月，西堡草寇袭击普定卫官兵驻地，时任贵州卫指挥同知的顾成带兵击败来犯之敌。当时西堡部落的主要活动范围，大概在现今普定县城及马场镇一带，三岔河流经该地，农业条件较好。最早的所谓普定城，或在今天安顺市西秀区七眼桥镇一带，随后设置普定卫，修筑卫城，才在今安顺市主城区。早期的普定卫城，类似于一个用木栅栏围成的军事营地。后来战事稍缓，卫所将领才组织军士夯土采石，垒墙为城，贯河为池，修建城楼，成为一方重镇。

洪武十七年（1384年）三月，征南主力部队班师回朝，部分来自湖广、江西、河南、浙江等都司卫所的军士留守当地，被编入新设卫所管理，顾成因征南有功升为普定卫指挥使。洪武十七年（1384年）至洪武二十四年（1391年），顾成任普定卫指挥使期间，征讨阿黑、螺蛳、尾洒、龙山等处，皆建功勋。

洪武二十五年（1392年）五月，顾成率所属安顺等州土官阿窝等贡马，诏赐顾成白金四百两、文绮二十匹、钞五百锭。这是顾成首次以贵州地方重要军事将领的身份赴京面见朱元璋，得授镇国将军，升任贵州都指挥使司都指挥同知。

洪武二十九年（1396年）七月，顾成任贵州都指挥同知之后，因征康佐、西堡、狮子孔、白石崖等寨有功，晋升为骠骑将军、右军都督府都督佥事。

洪武三十一年（1398年），顾成再次被召还京师，这次还京是在建文帝朱允炆登基之后。当时的建文帝正拟对燕王朱棣进行武力削藩，顾成到京之后即被编入征虏大将军耿炳文麾下。

建文元年（1399年）八月，顾成在真定战役中被燕军擒获，朱棣亲自为之松绑。顾成投降后，朱棣遂将其送到北平，协助世子朱高炽守卫北平城。

建文四年（1402年）九月，朱棣大封“靖难”功臣，顾成被封为镇远侯，嫡长孙顾兴祖仍袭普定卫指挥使。顾成“靖难”勋绩，主要在于帮助朱棣守住了北平，同时教导朱高炽有功，因此获得优厚的封赏。

同年十月，顾成再次出镇贵州。虽然此时的顾成已年逾七十，但老当益壮，熟悉贵州军事、民情，与镇守云南的总兵官西平侯沐晟是稳定云南局势的不二人选一样，顾成被朱棣确定为稳定贵州局势的最佳人选。顾成接到任命后随即起身赴任。先前，顾成以贵州地方最高军政长官的身份离开的时候，当地势力认为顾成年事已高，不会再回来了。此次顾成回到贵州后，立即派了一个通晓当地方言的人，让他告知各地土司、各村寨头人，顾成又回来了。不久，贵州当地大小土司都相继前来拜见顾成。顾成在安抚他们的同时，也代表朝廷传达了新的政策，称只要他们能与卫所官兵相安无事，保障驿道畅通，就不会有什么问题。顾成回贵州镇守，贵州地方很快恢复了相对稳定的局面。

永乐六年（1408年）三月，朱棣召顾成还京，敕书称：“您久在边疆，勤于边务，今年事已高，我甚是想念。您可即刻还京，既宽我思念之情，也借此稍事休息。”

约四十天后，顾成来到京师觐见朱棣，朱棣对其赏赐有加。逗留旬月，顾成一再请求仍回贵州，朱棣暂无代替顾成镇守贵州的合适人选，只得答应。于是，顾成于当年秋季返回贵州。永乐十二年（1414 年）四月，顾成于军中患病，朱棣得知消息，命陈汝正前去为顾成诊视，顾成自己也即刻从今铜仁一带起身返回贵阳。五月，顾成病情加重，最终在贵州镇远侯公署去世。

纵观顾成的一生，他自幼武艺娴熟，粗通文墨，年少从军，挺身战斗，能运用谋略，料敌制胜。其履行职务时，兢兢业业；参赞国事时，明识大体，可谓鞠躬尽瘁，死而后已。值得一提的是，顾成在面对复杂局面时，具有敏锐的洞察力，善于做出顺应时势的抉择。其一生关键的人生选择有两次：一次是脱离张士诚部队，归附朱元璋；另一次是在真定之役中，以朝廷重要将领的身份投降燕王朱棣。顾成归附朱元璋时，朱元璋才刚刚渡江夺取金陵，虽稍有势力，但论兵力之强，远不及上游的陈友谅，论财富之饶，远不及下游的张士诚；而投降朱棣时，建文帝不仅有正统之名，还能调集全国之军，以天下之力搏一隅之地，即便暂遭挫败，亦可再图大计。然而，顾成的两次选择都与众不同，并且每次选择都仿佛提前洞察了未来的大势走向。由此可见，顾成有见微知著、抉择果断的能力。

## （二）隐秘的顾氏

有相关研究指出，顾成及其家族在面对靖难之役及之后的政局转换时，不仅有可以公开的抉择及相应的叙事，还有一些涉及家国情感及民间应对的隐秘历史。其中的关键问题是建文朝廷是否诛戮过顾氏家族成员，而探究这一问题可以从顾成墓葬之地入手。

关于顾成的墓地所在，主要存在扬州、安顺、贵阳三种说法。1958 年，相关单位在扬州发掘了顾成夫妇墓，墓内有墓志，记载顾成被奉旨归葬于江都笊篱湾的一处高坡上，封墓时间是永乐十三年（1415 年）正月初七。由此，可基本确定顾成墓在扬州。

现存位于贵州省安顺市西秀区城东九溪河山腰的顾成墓，随着顾统（顾成之子）

安顺市九溪村顾氏后代在顾城墓前举行祭典（李立洪 摄）

夫人俞氏的圹志出土而被否定。不过，这却反映了顾氏后裔迁徙至黔中、在安顺繁衍的历史渊源，也体现出古代家族的迁徙、繁衍是相当普遍的社会现象。

还有一种说法认为顾成之墓在贵阳法云庵后。明末清初贵州贵阳人吴中蕃在《夏国公顾成志石叹（在厉祭坛）》一诗中有所提及。厉祭坛与法云庵相近，吴中蕃咏厉祭坛顾成志石，由此认为贵阳法云庵或厉祭坛为顾成墓所在。此外，在今中共贵阳市委党校附近之松林坡（又称顾家岗岭）又有一座顾成墓。该墓同样有墓碑和志石。

据民国《炉山顾氏宗谱》记载，元末明初，南直隶松江府华亭县有一人名叫顾組。朱元璋部众进攻张士诚领地的时候，顾組投入顾成麾下，并认顾成为父，形成一种拟血缘的继父与庶子关系。顾成去世，对于顾組来说，同样要祭扫凭吊。当时，顾組长子顾兴宗袭贵州卫千户之职，驻守贵阳城，他于贵阳大西门外紫林庵为顾成建墓，并且购置墓田数亩，每年收租作为祭祀经费。据此可知，顾組长子顾兴宗以安葬祖父的名义将顾成墓建于贵阳大西门外紫林庵，即靠近厉祭坛的法云庵处。不过，顾成既有顾勇等具有血缘关系的后人存世，又有朝廷对于安葬公侯勋贵的相关规定，或归入家族坟茔或葬入国家公墓，从朝廷礼制或宗族惯例来看，顾組后裔为顾成建墓的行为虽有拟血缘关系的支持，但终归只是一种私人层面的家族联系。相较于安顺九溪的顾成墓而言，将贵阳顾成墓视为贵州卫华亭顾氏为顾成修建的衣冠冢似乎更符合实情。

有一种广为流传的说法是顾成投降燕王朱棣，建文帝怒而诛杀顾成诸子顾统等。在永乐至正统年间，杨士奇、金幼孜、蔺从善等各自撰写的、具有宗族传记性质的顾成神道碑、墓志之类作品，都称顾成长孙顾兴祖承嗣镇远侯爵位，是因为永乐朝廷怜悯顾统的遭遇而特意加恩其子。然而，《炉山顾氏宗谱》的说法却有所不同，即顾统因顾成投降燕王被杀，没有后人，顾成就将顾組次子顾兴祖过继给顾统以承袭侯爵，而顾組长子顾兴宗则承袭父亲之职，为贵州卫千户。顾組认顾成为父，该松江府华亭顾氏的入黔始祖就变成了顾成，而入黔一世祖仍然是顾組。安顺九溪出土的顾统夫人俞氏的圹志称，俞氏先祖世代居于松江府华亭县四十二堡，为当地大族。俞氏的父亲俞谷瑞曾在贵州征战，洪武年间因征南留戍普定，随后即在安顺成家。俞氏与顾組既是同乡，又是军中同僚，而顾成与俞谷瑞、顾組则是上下级关系。顾成家族的谱牒并没有将顾組列为儿子，而顾組家族的谱书特意将顾成列为入黔始祖。

在靖难之役的背景下，顾成收顾緼之次子顾兴祖为顾统长子，先承继普定卫指挥使之职，进而承袭镇远侯侯爵，因此也就有了将侯爵“归还”顾成血脉后裔的制度化安排。

问题的关键在于顾统是否被建文帝诛杀，顾统的去向到底是怎样的。顾成兵败被俘是建文元年（1399年）八月，俞氏圹志记载俞氏于洪武庚辰年即建文二年（1400年）七月初一去世，当时，顾统仍在京师。顾成被俘后帮助燕王世子朱高炽守御北平城，主要是在幕后出谋划策，并未直接领兵与朝廷军队对战。此外，顾成家族的传记资料，包括行状、碑文等，对于顾统的记载只是提及他先于顾成去世，没有承袭侯爵等，至于死因不得而知。如果顾统确实是被建文帝诛杀，顾成就完全没有必要从心腹部将中找一个同姓外族来冒充顾统之子，毕竟顾统在洪武时期已任普定卫指挥使，并且日后要承袭侯爵。这样一位重要将领，若未被建文朝廷诛杀，却活不见人、死不见尸是很难解释的。

简而言之，因为靖难之役背景下顾氏家族的特殊安排，顾统“失踪”了。如果必须对此给出一个公开的解释，那就是顾成的原因，导致其被建文朝廷诛杀，而实际情况或许并非如此。这种安排犹如云南沐氏在朱棣登基以后，其处理与朱棣以及曾经奋力御燕的“云南兵”的关系时一样，始终将积极维护国家统一放在首位，而私人情谊则在顾全国家大局的前提下才得以兼顾。

## 三、新官入黔

靖难之役使得一批新的军事贵族崛起。永乐之初，因“靖难”之功跻身军功集团的大小武官被称为“新官”，这是相对于洪武时期的“旧官”而言的。靖难之役结束后，原洪武时期开国功臣集团的地位下降，“靖难”武官的影响力迅速上升，形成了所谓的“靖难新官”群体。他们在军政地位、世职袭替、流职考选任用等方面享有一系列特权。

贵州布政使司设立以后，与贵州都指挥使司一表一里，布政使司负责治理民政，都指挥使司负责统领军事，二者共同维系地方军民秩序。其中，卫所各级武官虽仍以洪武中晚期调入者为主，但以“靖难”军功起家的武官也陆续调入卫所，并在卫所中逐渐占据领导地位。

新官群体在贵州都指挥使司及各属卫所逐渐掌握权力，大致经历了两个阶段：一是朝廷调遣新官到贵州都指挥使司任都指挥使、都指挥同知、都指挥佥事等职务；二是各卫指挥使、指挥同知等中高阶武官在永乐十五年（1417 年）、宣德六年（1431 年）、正统三年（1438 年）等几个时间点，相对集中地被调到各卫所担任主要职务。

镇远侯顾成重返贵州镇守的同时，朝廷有一系列新的人事任命：升陈旺为贵州都指挥使，升李任、陈全、吴浩等为贵州都指挥同知，又因扬州全城归附之功，升扬州卫指挥佥事李政为贵州都指挥使司指挥佥事，命都指挥佥事俞让、云南前卫指挥使胡通至贵州都指挥使司任职。陈旺、李任等是因为“靖难”有功而调入贵州都指挥使司，俞让、胡通等或系原南军将领。再加上建文时期以来接续任职的武官，在维持大局稳定的前提下，除了云南等个别都指挥使司，新官逐渐掌握各地都指挥使司的实际领导权。

永乐十五年（1417 年）之前，贵州官兵中有相当一部分被调往新设置不久的交趾布政使司下辖的地区参战，官兵损失较为严重。永乐十五年（1417 年），贵州布政使司设置才数年，镇远侯顾成逝世不久，调派新官以加强朝廷对当地卫所的控制也在情理之中。

宣德六年（1431 年）调入平越卫的新官有山东齐东人王氏，其洪武二年（1369 年）从军，建文元年（1399 年）因功升为小旗，此后又因军功升为指挥使，宣德六年（1431 年）调入平越卫。王氏参军后，长达三十年的时间里一直在卫所服军役，然后在数年之内由一名普通的卫所旗军升任小旗、总旗等，后因功升世袭职级为卫指挥使，又升流官职级为陕西都指挥使司都指挥佥事。王氏当时能够实现此种职级跃升，只能是因在靖难之役中有功，故王氏为“靖难新官”无疑。又有滁州王氏，“靖难”事起之前或为百户，后因“靖难”有功，升任指挥同知，调入平越卫，也属“靖难新官”。指挥使张氏，原籍河南长葛，原任骁骑左卫小旗，“靖难”获战功，升任府军卫指挥佥事，宣德六年（1431 年）调入平越卫，后来又因功升任世袭指挥使，数次担任贵州都指挥使司都指挥佥事。

平越卫另一位武官赵氏的履历与前述新官履历不同。其父籍贯南直隶凤阳府定远县，元至正十四年（1354 年）从军，洪武三年（1370 年）任西安卫百户，调守平凉卫，后因征战阵亡。赵氏先任羽林左卫参侍舍人，后袭兴化守御千户所百户之职，初征云南之前调入宝庆卫中所，随后从征云南七渡河等地，调入平越卫中所。在洪武三十一年（1398 年）以前，赵氏先后征揭西、龙海、西堡、水西居宗、清水江、金石番等地，之后的履历则语焉不详，不过仍世袭百户之职。赵氏以百户身份出征云南，至洪武晚期又进讨西堡、水西、清水江等地，立有战功却不得升迁。从平越卫指挥佥事王先等人于白沟河战役中阵亡的履历来看，赵氏或许是隐去了奉建文帝调遣讨伐燕军的履历。

威清卫指挥使苏氏，原籍山东，曾服军役，因“靖难”有功升为指挥同知，永乐八年（1410 年）因征阿鲁台有功升任指挥使，正统三年（1438 年）七月入调威清卫。

诸如此类，从永乐至正统年间，尤其以永乐十五年（1417 年）、宣德六年（1431 年）、正统三年（1438 年）为高峰期，贵州各卫所陆续有新官调入。这些调入的新官，从百户、副千户、正千户、指挥佥事、指挥同知至指挥使等，各个职级皆有。但按照各职级武官在卫所的比重而言，职级越高调入的比重越大。大体说来，永乐以后调入贵州卫所的武官，除了少数是因罪被遣调入黔，大多数属于“靖难新官”及其后裔。他们调入的时间点相对集中，这说明受世袭制度约束的武官调动需要特定背景或特定事件来实现。

总之，靖难之役后，出现了一批新官非常集中的卫所，比如朱棣登基之后的亲军卫所，以及早期跟随朱棣“靖难”的卫所等。在这些卫所中，不论旗军数量多少，新官数量都相对庞大，导致大量武官虽享受相应待遇却没有实际职权。为缓解此种现象，朝廷将部分武官调往其他各省都指挥使司以“旧官”为主的卫所，让他们有更多机会从原来的“带俸”武官转变为实职武官。总体而言，与洪武征南中的职役群体相比，滇黔卫所中的“靖难新官”群体同样具有一定的研究价值，他们在地方历史发展过程中的影响不可忽视。

综上，永乐时期，西平侯沐晟正值壮年，安南之役由沐晟等亲临战场，调度西南官兵。之后，朝廷屡调云南、贵州、四川、湖广等都指挥使司以及亲军卫官兵征交趾，镇远侯顾成由于年事已高，多在贵州稳定地方秩序。后来，因思州宣慰司、思南宣慰司的土司发生内讧，朝廷顺势废除这两个宣慰司，开设贵州布政使司。其间，顾成领兵深入前线，为贵州建省提供了强有力的军事保障。贵州在永乐时期以后，云南在宣德时期以后，新官群体逐步融入滇黔地方卫所体系，由此造成卫所世袭武官群体的内部分化，对地方社会发展产生了一定影响。因此，在研究明代西南地方历史时，应对这一群体加以关注。

# 四、屯堡余韵

随着再征云南战事的结束，湖广、贵州、四川、云南等都指挥使司增设了大量卫所，四川行都司也实现了对通滇建昌路的控制。卫所武官被永久性纳入西南卫所体系中，旗军携带家人来到卫所生活，广泛而深入地展开屯田。从洪武晚期至宣德晚期，经历约四十年近两代人的接续努力，大概到正统时期，贵州卫所基本实现了在地化发展。

## （一）职役在地化

据史料，威清卫、平坝卫、安庄卫的旗军，多数是从湖广长沙府各州县垛集而来的民丁。洪武二十三年（1390 年）七月，安陆侯吴杰前往湖广长沙府训练将士，在当地垛集民丁一万八千余人。吴杰将这些民丁编入新设置的平坝、威清等卫，并加以训练。道光《安平县志》记载，当时平坝一带留下大片荒地，朝廷便在长沙等地垛集余丁，编入平坝卫，分成五十个屯田单位，并由卫指挥使总体负责屯田事宜。

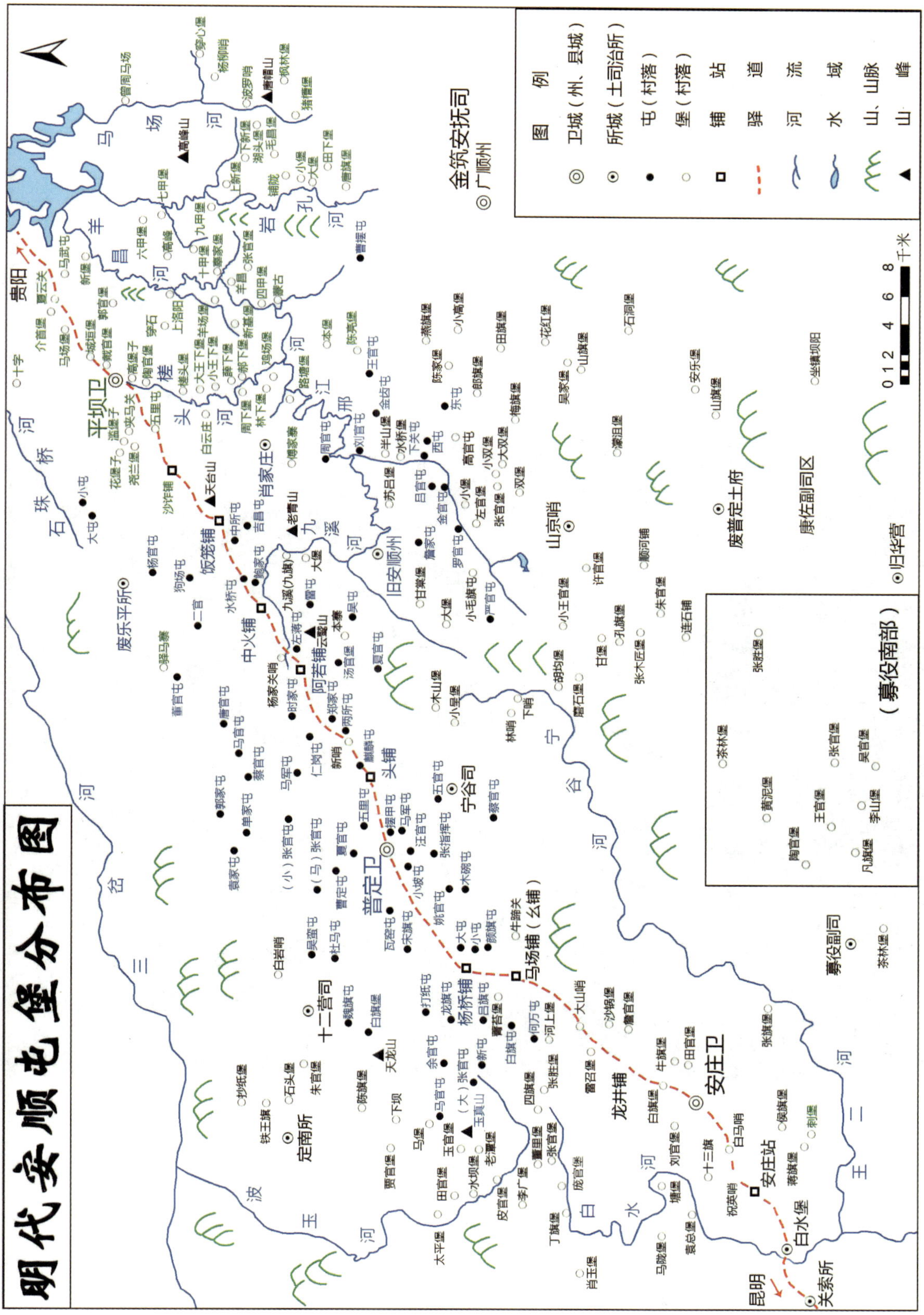


明代安顺屯堡分布图（范增如　绘　吕燕平　校）

安顺市鲍家屯村全景（李立洪 摄）

清初，贵州平坝卫籍举人谭瑞著有一本叫《霞庄诗集》的书，他称自己是星沙人。而星沙正是当时湖南长沙县的旧称，这表明谭瑞的祖上是从湖广长沙一带垛集来的平坝卫屯军。

《安平县志》记载了明清时期平坝的历史，其中将“屯堡人”“土人”的习俗载入“苗俗”，称“屯堡人”是洪武时期的屯军，“土人”居住在县属周边。比如明代以来有名的西堡一带，那里的人主要是洪武时期屯军的眷属亲戚，他们跟随屯军来到当地居住，时间长了，被称作“土人”，又称“旧人”。一些“土人”被称为“楚人”。这类“土人”又叫“里民子”“县民”，其实与“屯堡人”差别不大，只是为了与屯军有所区别，才有了“土人”“楚人”“里民子”“县民”等不同的称呼，他们的节令习俗与湖广地区的很相似。

《安平县志》分别记载了“屯堡人”与“土人”的风俗，称“土人”为陈友谅“余党”，岁时礼节俱有“楚风”。我们可以将这种差别理解为平坝卫武官群体与旗军群体分化的产物：平坝等卫早期的武官群体多是征南领兵而来，且以身经百战的从征武官及较早归附朱元璋势力的武官居于领导地位，而人数众多、处于被领导地位的旗军主要是从湖广地区垛集而来的民丁，二者的出身、话语地位不同，造成了卫所武官与旗军在地化过程中的内部分化。文献中，“土人”来自“县民”或“里民”的记载，正是湖广各州县垛集民丁在称谓上存留下来的痕迹。

普定卫与平坝卫、安庄卫毗邻，甚至安庄卫的大部分军田与普定卫的辖地交错穿插分布。换一种说法，即较早设置的普定卫下辖官兵被称为“屯堡人”，而以垛集民丁为主体的新设卫所旗军，因其缺少元末明初的军事履历而被区别对待。征南与填南的来源差异，也是卫所官兵内部群体分化及其话语权不同的反映。

康熙《耒阳县志》誊抄明代旧志所载嘉靖年间该县分布于全国卫所的军役户数。据统计，全县共有军役2660名，其中分布于龙里、九溪、衡州三个卫的军役数量较多，分别有688名、327名、364名，其他各地卫所的军役数量不等。衡州卫军役来自耒阳县的数量较多，表明内地卫所与其附近州县存在某种联系。湖广九溪卫是明廷在洪武二十三年（1390年）平定夏得忠之乱后设置的，贵州龙里卫同样也是在该年设置的，这进一步说明在再征云南背景下，这批新设卫所的旗军主要是从湖广各府州县垛集而来的民丁。嘉靖时期，卫所军户与其原籍州县正贴军户之间的联系已经相当少，即便卫所在籍官兵缺额严重，若实在要增补军役，一般优先从卫所军户余丁中增补，而非从原籍州县勾军补伍。这是因为卫所针对原籍州县的制度强制力逐渐削弱，继续执行由原籍增补军役的政策成本高且效果不佳。《耒阳县志》仍旧保存本县军役数据，是担心某一天因为政策反复，要继续增补军役，以便为此留下些许凭据。

## （二）屯堡村寨化

在明代，最初的屯堡概念指卫所的基层组织形式。当时，贵州布政使司尚未设置，各地大小土司治下的部落、村寨是基层社会的主体，甚至还存在像里古州牛皮箐之类全然不被外界了解的大片化外之地。明初，贵州卫所控制的土地主要通过对当地有主或无主的土地圈占获得。从分布形态上来看，卫所圈占土地后，卫所基层社区与各土官、土司或当地民众的生产生活空间彼此交错甚至重叠，这就是后世所谓的“插花地”。为了应对地方势力的抵制，确保对圈占土地的永久控制，卫所在其直接控制区域内的生产生活，必须以一种军事化组织的形式开展，从而实现对圈占土地及居住社区的防御性保护。

明初，贵州卫所以土地为主要生产资源，屯堡编制与卫所自身的编制相同，即数户编为 一个小旗，数小旗编为一个总旗，两个总旗编为一个百户，约数个百户至十个百户编为一个千户，数个千户构成一个卫。对于标准建制的卫所来说，小旗的编制规模太小，难以形成有效的社区性防御力量，因此五十户左右的总旗和一百户左右的百户成为卫所基层组织的主体编制单位。卫所屯田组织的编制大致以左、右、中、前、后五个千户所为纲，每个千户以第一个至第十个百户为序，分驻各地屯田，形成相应的屯署系统。

到了清代，纳入州县版籍的安顺百姓多从外地迁徙而来。具体来说，明代普定卫的武官与旗军都是外地人，并没有本地居民登载于卫所册籍的情况。这些武官与旗军居住在普定卫城周边称为“屯”或“堡”的村寨里，他们都是洪武时期因调北征南而来的。当时组织屯田的将领有汪可、黄寿、陈彬、郑琪等，他们带领的部队

安顺市西秀区七眼桥镇汤官屯（吕燕平　摄）

分布在卫城的东、南、西、北“四正”周围，各领十二操屯军，安插于城乡各处。屯军被编入各地屯堡社区后，他们的妻子、儿女也被送到普定卫与他们团聚。

清代朝廷裁撤普定卫，改置为普定县后，原“四正”被编作永丰、忠兴、奠安、江靖等“四里”，“四里”登载于官方册籍的土地都属于“军田”。“四里”之外又有“四门”，即东门、南门、西门、北门，登载的土地都属于“科田”，这些土地被认为是各村寨屯户自行开垦的，且另有一套田赋科则与基层税粮征纳系统。如果将“军田”理解为卫所旗军共同圈占垦种的土地，那“科田”就是旗军家属各自私下垦种并且得到官方认可的土地。原则上，屯军耕种的土地与屯军家属垦种的土地并不能等同对待，前者土地归普定卫集体所有，后者土地归屯堡居民私人所有。

卫所的生产组织大致以总旗—百户—千户为主要编制单位。那些被称为某家屯、某官屯或某家堡、某官堡的乡村地名主要反映了生产组织者的姓氏与身份。这里的“官”多数情况下指百户，但也可以指卫所指挥使、千户等有官员身份的人；“家”强调屯堡居民自行耕种的土地产权属性。

从军事化的屯堡生产组织转变为聚落化的屯堡社区，这是卫所制度自身发展的结果。卫所开设之初，受调遣的将领带领军士来到卫所驻地戍守，并组织开展农业生产。当卫所职役出现缺额时，便从原籍州县正贴军户中抽调人员补足。从卫所反馈军队缺员，而后遣人携带公文去原籍州县抽调人员，到原籍正贴军户家族选人并为其置备军装及盘缠等，这一过程涉及一系列调度工作，执行这种职役补伍制度需要付出较高的行政成本。经过洪武至宣德年间的制度实践，朝廷逐渐提倡家属随军，并在卫所编设户籍，以此巩固卫所的农业生产者与土地之间的联系，降低原籍州县派人服役所耗费的成本。

明清至今，贵州通滇驿道沿线地区的卫所屯堡实际上经历了旗军驻地、屯田社区、屯田社区向四周拓展的衍生社区等三个发展阶段。以总旗和百户为主要单位建设的卫所早期社区，主要是军事管理类型的社区。经历数代人的繁衍分化，在每个早期的屯堡社区周围可能形成一至五个乡村聚落，即以屯田百户为中心社区，在其周边形成小型屯堡聚落群。

以贵州卫为例，该卫左、右、中、前、后等五个千户所各领十个百户，形成约五十个具有“官屯”“官堡”性质的早期屯堡单位。由于存在百户与总旗分驻不同地点、两个百户或数个总旗共建共享一个屯驻地点等情况，每个按标准建置的卫早期的屯军点，大概会被划分成五十个以百户为单位的官方基层管理点。屯堡由早期组织生产的驻地单位发展成居民社区，继而由原生型居民社区衍生出新的聚居社区。到清代裁撤卫所，进行归并或改置州县时，屯堡也相应地实现了里甲化的转型，即屯田千户所转化为州县的“里”，屯田百户及总旗则转化为“甲”。明初屯堡经历驻地—社区—衍生社区的发展过程，最终演变为清代至今的城乡屯堡社区，并产生相应的文化形态。

讨论明代贵州农业开发制度，研究者常提及军屯、民屯、商屯等形式，但实际上当时并不具备实施民屯的制度与社会条件。明代贵州所谓流官治理主要是由贵州布政使司及所属各府州自上而下展开的，而布政使司所属各知府、知州等流官群体，在实际的地方治理中，仍然要依托各土司机构。由于当时的贵州大小土司林立，名义上的府州县等官府机构，实际上缺乏规模化组织内地百姓迁徙到贵州定居生活的能力与契机。

洪武再征云南以后设置的卫所，其旗军主要是从湖广各地垛集而来的民众。垛集来的旗军，其主要职能是从事屯田生产，但这并不应该被视作民屯的产物，因为他们已经被纳入卫所军事化的组织体系并且长期延续。再者，卫所控制区域在屯田之后出现的“科田”，是卫所余丁在明初圈占地内部及其附近自行开垦耕种，并报官登记的土地，这类土地在性质上类似民田。但这类有产权属性的土地，仍然是屯田制度与屯堡社区相结合而自然演化的结果，不能归之为民屯。所以，贵州地区将垛集之民编入军籍从而开展的屯田，不能被视作民屯；同时，因屯田自身“民化”发展而来的土地，也不属于民屯范畴。

### （三）文化活态传承的屯堡社区

大体说来，屯堡文化是在卫所武官与旗军在地化、屯堡组织村寨化的过程中产生的地域文化现象。屯堡文化本质上是军事化生产组织社区化发展的结果，因自然条件、族群结构、职役来源、社会经济条件等各方面的差异，会在各地区呈现出不

屯堡村寨中的巷道（李立洪　摄）

同的表现形态。

当今，贵州不仅安顺地区存在屯堡文化，晴隆、普安等县的“喇叭人”聚居地，以及黔东南曾设置卫所的区域，也存在表征各异的屯堡文化。进一步来说，黔南长顺等并没有设置卫所却受到卫所辐射影响的区域，因当地民间社会在追溯家族或民俗仪式起源时，仍然以“洪武征南”“洪武填南”或卫所建置为起点，所以也应纳入屯堡文化的分布范围。

以安顺市西秀区七眼桥镇、大西桥镇等“两桥”地区为代表的屯堡文化，虽然不是独有的，但可以称为典型性的。界定这一文化现象不能仅仅依据建筑、服饰、饮食、语言、习俗等文化表征，而应该综合考虑其是否起源于卫所等军事机构的设置或军事化的生产组织方式，军事化的组织机构及其生产方式是否向社区化的方向发展，军事化的社会结群方式及其后裔群体是否实现在地化发展等背景因素。

安顺市西秀区大西桥镇的鲍家屯，有罗、阎、詹、郑、朱、何、邵、吕、江、汪、许、鲍等十余姓居民。其中，最先落户的是鲍、汪、江、许四姓。后来，鲍姓人丁兴旺，在该村人口中占比八成以上。因该村以鲍姓为主，还建有宗族祠堂，举行清明“上大坟”的隆重祭祖活动，容易让人误解当地是宗族社会。但实际上，该村各姓氏交错居住在村落的不同巷道，并非各姓氏分片区独立居住，这种多姓和多宗亲群体混居的村寨格局，凸显了该村非宗族性的特征。

安顺市西秀区大西桥镇九溪村，位于交通线与田坝区的交界处，较早建立该社区的是朱、姚、冯、余、陈、梁、胡、洪、童、吕等十个姓氏的军士。据调查，现今该地的姓氏人口比例与最初的相比已有较大差别。其中以朱姓人丁最为兴旺，宋、张两姓也有百余户的规模。当地的宋姓居民源起同一位始祖，张姓则有四个不同宗的始祖。此外，当地黄、陈、顾、杨、马、王、谭、钟、刘、冯、黎、袁等姓的居民人口在十户至四十户之间。九溪的村寨格局始于明初军屯，各姓氏入黔始祖最早定居点称“大堡”，随后因人口增加，另辟“小堡”居住，之后又从“大堡”“小堡”延伸扩展形成“后街”，最终定型为“大堡”“小堡”“后街”等三个相对独立的片区。

安顺市平坝区天龙镇，原称“饭笼铺”，是隶属平坝卫管理的驿传站点。据当地族谱记载，该铺由陈、张、沈、郑四姓共同创建，依次建成沈家园、张家园、郑家园与陈姓小井园。目前，天龙镇主要有陈、郑、张、沈、毛等姓氏。从表面上看，

安顺市西秀区大西桥镇狗场屯“抬汪公”（李立洪 摄）

各姓氏相对集中居住在一个大的片区，形成了以姓氏为代表的宗族势力，但实际上片区内部的人员流动频繁，各姓氏的人皆可通过亲戚、朋友的关系，搬进各片区的空隙之地居住，当居住空间不够的时候又会有人陆续搬离。例如，陈姓居民最初主要居住在小井园片区，后来随着人口增多，陆续向大井园、新房园及哨上等处拓展。

现今的屯堡社区，其屯堡文化的气质来源于屯堡开设之初的军事组织传统，后又发展出社区内部高度自治的文化传统与社会组织，从而推动社区内部自治、村际之间经济互补，提升区域社会的文化凝聚力。

首先，屯堡社区有相对发达的自治组织，这种组织资源与早期屯堡的军事化管理密切相关。以西秀区九溪村为例，有老协会、屯堡文化研究会、地戏队、花灯组、秧歌队、佛事组织等，还有村民自行组织的理财小组、民俗活动筹备组，以及为解决具体事务而设立的丧葬执事班子、老人会、四老会、提篮会、钱会等临时性组织。因为这些自治组织的存在，屯堡社区成为能够组织集体活动、约束村民行为、维系村落秩序的自治型社区。

其次，屯堡社区之间有相对发达的互补性职能分工。明初，卫所以军事强制的方式嵌入与自身不同的地域社会，其军事与生产职能相结合，旨在实现自力更生。从整个区域社会来看，屯堡社区之间经济互补性高，经济分工明确且细致。田坝区的屯堡聚落主要依靠平坦的土地和传统农耕技术，进行粮食、蔬菜及其他副食品的生产；而位于交通沿线的屯堡社区则主要从事贸易和副业生产。例如，在安顺市西秀区，九溪村原以贩米、贩煤为主业，西陇、老塘官则生产铁制农具、打制石磨等，形成了以社区为基本单位的专业性生产或商业分工。此外，集市是各片区进行交换和交流的场所，屯堡社区的经济活动圈通过集市贸易连接为一体。

最后，屯堡区域社会能够通过“洪武征南”“洪武填南”等共同叙事提升文化凝聚力。不论是在宗族社会还是非宗族社会，共同的群体记忆是获得内部认同和提高凝聚力的重要力量。传统宗族社会更倾向于通过血缘关系的纽带获得认同，而在屯堡社区，人们则通过在“洪武征南”“洪武填南”的历史背景下，拥有共同的始祖或开村记忆来获得彼此的认同。这些外显的文化特征包括服饰、建筑、语言及一系列的民俗仪式与活动等。这些文化标识超越家庭、宗族和村庄的范畴，存在于整个区域社会，通过相互之间的文化认同将各个地理上独立的村寨社区整合为一个团结的整体。

总之，体认屯堡文化不能仅仅着眼于外显的文化标识，而是要看“国家”是否在场。“国家”通过卫所建置、军事移民、屯田戍边等形式开发边疆地区，维护国家统一，推动各民族共同发展，这些行为都会在地方社会塑造出相应的文化现象。这类文化现象尽管在外显形态上存在地域性或历时性的差异，但都可以归结为基层民众对国家政策及自身相应社会身份的记忆与塑造，这才是屯堡文化更为本质的内涵。

屯堡人打糍粑（李立洪　摄）

安顺市九溪村春天一景（李立洪　摄）

# 参考文献

[1]（明）谈迁 . 国榷 [M]. 北京：中华书局，1958.

[2]（明）吏部 . 明功臣袭封底簿 [M] // 周骏富 . 明代传记丛刊：第 55 册 . 台北：明文书局，1991.

[3]（明）焦竑 . 国朝献征录 [M] // 周骏富 . 明代传记丛刊：第 114 册 . 台北：明文书局，1991.

[4]（明）江东之，王耒贤，沈思充，等 . 日本藏中国罕见地方志丛刊·（万历）贵州通志 [M]. 北京：书目文献出版社，1991.

[5] 中国第一历史档案馆，辽宁省档案馆 . 中国明朝档案总汇 [M]. 桂林：广西师范大学出版社，2001.

[6]《贵州通史》编委会 . 贵州通史 [M]. 北京：当代中国出版社，2002.

[7] 孙兆霞 . 屯堡乡民社会 [M]. 北京：社会科学文献出版社，2005.

[8]（明）沈庠，赵瓒 .（弘治）贵州图经新志 [M] //《中国地方志集成·贵州府县志辑》编辑委员会 . 中国地方志集成·贵州府县志辑：第 1 册 . 成都：巴蜀书社，2006.

[9]（明）郭子章 .（万历）黔记 [M] //《中国地方志集成贵州府县志辑》 编辑委员会 . 中国地方志集成·贵州府县志辑：第 2—3 册 . 成都：巴蜀书社，2006.

[10]（清）周作楫，萧琯 .（道光）贵阳府志 [M] //《中国地方志集成·贵州府县志辑》编辑委员会 . 中国地方志集成·贵州府县志辑：第 12—13 册 . 成都：巴蜀书社，2006.

[11]（清）李台，王孚镛 .（嘉庆）黄平州志 [M] //《中国地方志集成·贵州府县志辑》

编辑委员会 . 中国地方志集成·贵州府县志辑：第 20 册 . 成都：巴蜀书社，2006.

[12]（清）朱黼 .（康熙）清浪卫志略 [M] //《中国地方志集成·贵州府县志辑》编辑委员会 . 中国地方志集成·贵州府县志辑：第 22 册 . 成都：巴蜀书社，2006.

[13]（清）平翰，郑珍，莫友芝，等 .（道光）遵义府志 [M] //《中国地方志集成·贵州府县志辑》编辑委员会 . 中国地方志集成·贵州府县志辑：第 32—33 册 . 成都：巴蜀书社，2006.

[14]（清）常恩，邹汉勋，吴寅邦 .（咸丰）安顺府志 [M] //《中国地方志集成·贵州府县志辑》编辑委员会 . 中国地方志集成·贵州府县志辑：第 41—42 册 . 成都：巴蜀书社，2006.

[15]（民国）黄元操，任可澄 .（民国）续修安顺府志 [M] //《中国地方志集·成贵州府县志辑》编辑委员会 . 中国地方志集成·贵州府县志辑：第 42 册 . 成都：巴蜀书社，2006.

[16]（清）黄宅中，邹汉勋 .（道光）大定府志 [M] //《中国地方志集成·贵州府县志辑》编辑委员会 . 中国地方志集成·贵州府县志辑：第 48—49 册 . 成都：巴蜀书社，2006.

[17] 于志嘉 . 卫所、军户与军役：以明清江西地区为中心的研究 [M]. 北京：北京大学出版社，2010.

[18] 孙兆霞 . 吉昌契约文书汇编 [M]. 北京：社会科学文献出版社，2010.

[19]（民国）任可澄，杨恩元，陈廷策，等 . 续修安顺府志辑稿 [M]. 贵阳：贵州人民出版社，2012.

[20] 梁志胜 . 明代卫所武官世袭制度研究 [M]. 北京：中国社会科学出版社，2012.

[21]（清）谷应泰 . 明史纪事本末 [M]. 北京：中华书局，2015.

[22]（明）官修 . 明实录 [M]. 上海：上海书店，2015.

[23] 周振鹤，郭红，靳润成 . 中国行政区划通史·明代卷 [M]. 上海：复旦大学出版社，2017.

[24] 任柳 . 略述洪武二十二年湖广练兵与贵州部分卫所旗军来源 [J]. 贵州文史丛刊，2017（01）.

[25] 李旭亮 . 滇黔武职选簿所见洪武平滇战事探析 [J]. 安顺学院学报，2017（02）.

[26] 宋超 . 洪武乌部经略概论 [J]. 安顺学院学报，2017（05）.

[27] 孟凡松，李旭亮 . 洪武廿二、廿三年贵州新设卫所旗军来源再探 [J]. 安顺学院学报，2017（05）.

[28] 李旭亮，孟凡松 . 论洪武时期滇黔卫所中的北方民族武职群体 [J]. 安顺学院学报，2018（03）.

[29] 包志怀，孟凡松 . 明代靖难新官入黔考述——以武职选簿为中心 [J]. 安顺学院学报，2018（03）.

[30] 任柳，孟凡松 . 明代贵州诸卫新官考述——以“上六卫”“西四卫”为例 [J]. 安顺学院学报，2018（06）.

[31] 任柳 . 明代滇黔卫所职役来源研究——以〈武职选簿〉为中心 [D]. 西安：陕西师范大学，2018.

[32] 李旭亮 . 武职选簿所见洪武征南史事研究 [D]. 昆明：云南大学，2018.

[33]《安顺郭氏族谱》编委会 . 安顺郭氏族谱 [Z]. 内部资料，2018.

[34] 毛亦可 . 清代卫所归并州县研究 [M]. 北京：社会科学文献出版社，2018.

[35] 吕燕平 . 大屯契约文书汇编 [M]. 贵阳：孔学堂书局，2020.

[36] 孟凡松 . 明代云南卫所新官考述——以武职选簿为中心 [J]. 安顺学院学报，2020（02）.

[37] 吴才茂 . 明代卫所制度与贵州地域社会研究 [M]. 北京：中国社会科学出版社，2021.

[38] 胡凡 . 明代贵州首任镇守镇远侯顾成述略 [C] // 中国明史学会，安顺学院，中国明史学会屯堡研究分会 . 第十九届明史国际学术研讨会暨首届屯堡国际学术研讨会论文集 . 北京：知识产权出版社，2023.

[39] 何歌劲 . 明镇远侯顾氏世家考 [C] // 中国明史学会，安顺学院，中国明史学会屯堡研究分会 . 第十九届明史国际学术研讨会暨首届屯堡国际学术研讨会论文集 . 北京：知识产权出版社，2023.

[40] 何先龙 . 明初平越卫指挥张信与“靖难之役”[C] // 中国明史学会，安顺学院，中国明史学会屯堡研究分会 . 第十九届明史国际学术研讨会暨首届屯堡国际学术研

讨会论文集 . 北京：知识产权出版社，2023.

[41] 孟凡松，李旭亮 .“云南兵”与靖难之役初探 [C] // 中国明史学会，安顺学院，中国明史学会屯堡研究分会 . 第十九届明史国际学术研讨会暨首届屯堡国际学术研讨会论文集 . 北京：知识产权出版社，2023.

# 后　记

呈现在读者面前的这本书，是一次临时起意的成果。2023 年 5 月 13 日，第二届明代屯堡学术研讨会暨中国明史学会屯堡研究分会第二届第一次会员代表大会在安顺召开。当时，作为“多彩贵州文化高质量发展工程”之一的“屯堡文化研究转化传播重大文化工程”已进入具体实施阶段。会议期间，经原贵州省新闻出版广电局（贵州省版权局）副局长、时任贵州省高校乡村振兴研究中心名誉主任杨庆武先生介绍，贵州民族出版社副总编辑孟豫筑女士称正在策划屯堡文化文艺方面的丛书，并问我是否有用通俗而非学术化的语言讲述贵州屯堡历史的意愿。我自然是有意愿的，但难度在于我身兼管理工作与教学工作，还有日常科研任务及家庭的琐事缠身，已然分身乏术，要再抽出精力撰写一本通俗读物，恐难以胜任。不过考虑到杨主任对我工作的大力支持，以及我自己时常参与省、市、校的社科普及工作，内心对研究成果的普及也有一种冲动，于是便答应了此事。

这本书原拟名为《大明屯堡》，希望写成纪实文学性质的读本，然而几经尝试，我始终无从下笔，那种想讲故事却找不到感觉的挫败感油然而生。于是转变思路，决定还是讲历史吧。用通俗语言讲历史，说起来似乎只是一个翻译问题，就是把古文翻译成今语。一开始我也是这么认为的，觉得通俗读物就是对相关历史文献与研究成果进行翻译式的梳理。但真正动笔时才发现，零星割裂的史料虽然能够勾勒出部分碎片化的历史场景，可若要连缀成全貌，仍要先行深入研究。今人的研究论著各有自身的撰述主旨，对于本书的写作而言，只是东鳞西爪的存在。换句话说，通俗读物的撰写，仍然绕不开前期系统的学术研究。

贵州屯堡历史起源于明初的“洪武征南”，这是人们常提及的话题。但当真正深入探究的时候，却发现有关“洪武征南”的概念内涵与过程细节大多语焉不详。“洪武征南”“洪武填南”等一系列词汇都是相互对应的概念，只是这些对应概念的内涵大多被隐藏起来了，没有大历史视野及相应深入的研究就难以发现背后的隐秘。

在写作过程中，责任编辑陈欲倩女士频繁催促。从假期到开学，从年底到新春，她每催一次，我就推动一点，过几天因为太忙又搁置下来。陈女士一如既往地每隔几天就跟进了解进度，直到今年9月初，我才拿出初稿。应该说，本书能够完成，陈女士的催促之功至为重要，若没有她的时时跟进，这本书很可能烂尾，在此必须郑重致谢！

书中插图由学校同事李立红、吕燕平、吕善长以及同行朋友大理大学研究员罗勇、四川龙泉驿区档案馆馆员胡开全等先后提供，在此一并致谢！

孟凡松

2024年12月

## 图书在版编目（CIP）数据

屯堡纪事 / 孟凡松著 . -- 贵阳 : 贵州民族出版社，2024. 12. -- ( 屯堡文丛 ). -- ISBN 978-7-5412-3039-4

Ⅰ . E294.8

中国国家版本馆 CIP 数据核字第 2024QZ1194 号

**屯堡文丛·文学艺术书系·屯堡纪事**

TUNPU WENCONG WENXUE YISHU SHUXI TUNPU JISHI

孟凡松　著

---

责任编辑：陈欲倩
装帧设计：曹琼德
出版发行：贵州民族出版社
地　　址：贵阳市观山湖区会展东路贵州出版集团 18 楼
邮　　编：550081
印　　刷：雅昌文化 ( 集团 ) 有限公司
开　　本：787 mm×1092 mm  1/16
字　　数：220 千字
印　　张：13.75
版　　次：2024 年 12 月第 1 版
印　　次：2024 年 12 月第 1 次
书　　号：ISBN 978-7-5412-3039-4
定　　价：278.00 元